序　一
Preface

“求木之长者，必固其根本；欲流之远者，必浚其源泉。”一个城市的生命和灵魂，来自深厚的历史底蕴与坚实的文化内核；一个城市的品位和底气，离不开强大的文化自信与不竭的创新动力。挖掘历史资源、激活文化基因，事关精神命脉的传承，事关城市的永续发展。

有着近一千八百年建城史的武昌，历史悠久，文脉绵长。在这里，一座古城，风韵悠然，阔步前行，穿越千年沧桑；一处名楼，文人墨客，咸集诗赋，各领绝代风骚；一件大事，辛亥首义，敢为人先，改变中国历史；无数英豪，指点江山，前仆后继，浴血谱写辉煌。因为有了历史和文化的充分滋养，武昌始终生机勃勃、活力无限，为荆楚文化在中华文明总谱系中留下独特的基因和符号提供了丰富的给养。这片有着绚烂历史和强烈魅力的土地，一直等待着我们去发现、去感受、去领略、去彰显。

正因如此，我们有优势、有情怀，更有责任、有义务弘扬武昌的优秀历史文化，把武昌故事讲好，把武昌自信提升好，把武昌力量凝聚好。与其他展示武昌历史文化的论著不同，这套丛书全面系统梳理了多年散落在民间、口口相传的武昌老故事，通过精心的考证，深入挖掘其中蕴含的思想观念、人文精神和道德规范，并适应时代发展进行继承和创新，凸显出武昌发展的个性和魅力——从这个层面上讲，这套丛书的意义已经远远超出了文史资料的价值，它是武昌文脉的复现，为活化武昌文化遗产、树立武昌城市精神、提振市民精气神将作出独有的贡献。

丛书立足武昌历史根脉，突出武昌文化核心元素，在时间上自公元223年孙权建筑夏口城起至20世纪60年代，在空间上以武昌区现在的行政区划为主，分为“综合”“武昌人物”“武昌风物”“武昌景物”“武昌文物”和插画版“武昌指南”六个系列，将为武昌发展作出重大贡献的历史人物、影响历史进程的重大事件与武昌地域特色文化相结合，用群众喜闻乐见的语言讲历史故事、叙文化传统、说武昌古今。本书内容上具备理论高度、学术价值和思想深度，形式上明白晓畅，通俗易懂，能够激起读者情感共鸣，兼具历史性、时代性、知识性、可读性与权威性，可谓宣传推介武昌的集大成之作。

今天，武昌的经济体量已进入“千亿级”时代，站在新的起点，文化软实力正是提升我们综合竞争力和可持续发展能力的关键因素。习近平总书记说，“文化自信是一个国家、一个民族发展中更基本、更深沉、更持久的力量”，在建设创新型城区和国家中心城市核心区的征程上，我们更要“以古人之规矩，开自己之生面”，更要坚守中华文化立场，传承中华文化基因，展现中华审美风范。愿我们携起手来，共同努力，让传统文化与现实文化相融相通，让个体情感与集体情感同频共振，为新时代武昌的改革创新发展注入每一个人的家国情怀！

为策划、编纂和出版这套丛书，一大批专家学者以及许多市区老领导、政协委员都倾注了深厚的感情，为丛书的诞生奠定了坚实的基础，在此，由衷感谢他们为发展、延续武昌历史文化付出的巨大心血！

刘　洁

2018年12月

序　二
Preface

酝酿已久的《武昌历史文化丛书》终于要正式出版了，作为一个历史工作者和这套丛书的专家委员会主任，我感到由衷的高兴，十分乐意借写序的机会，同大家分享一下我的几点感想。

第一，为什么要出版《武昌历史文化丛书》？

武汉三镇之中，当属武昌的历史最为悠久，早在春秋战国时期，楚国就在这一地区设有封君夏侯。三国时期，孙权将东吴政治中心迁鄂（今鄂州市），寓“以武而昌”之意，改鄂名为“武昌”，这是武昌之名的由来。公元 223 年，孙权在江夏山（蛇山）筑夏口城，从而开启了武昌古城的历史，至今已近一千八百年。从元代设湖广行省起至清末，武昌一直是省级大区域行政中心。北伐战争后，改武昌县为武昌市。1927 年，武汉三镇在行政区划上正式统一为一市。1949 年武昌解放后，成为中共湖北省委、省人民政府所在地，在 1952 年调整区划后，正式成立武昌区人民政府。

千百年来，武昌因其独特的地理区位，始终处于社会变革的最前沿，承载着中华民族波澜壮阔的历史变迁，书写着气势磅礴的历史画卷。武昌人文底蕴深厚。屈子行吟，崔颢题诗，李白唱和……近代以来，张之洞督鄂，兴实业，办教育，练新军，新旧学堂并起，东西文化交融，风气大开，武昌由此奠定了全省文化中心的地位，诚如张之洞题黄鹤楼楹联中云：“昔贤整顿乾坤，缔造先从江汉起；今日交通文轨，登临不觉亚欧遥。”武昌自然风光秀丽。东湖、沙湖、紫阳湖等，妩媚多娇；洪山、蛇山、珞珈山等，玲珑别致；黄鹤楼、宝通寺、长春观等，景色优美。山灵水秀，人文荟萃，让武昌成为最适宜居住的城区。

武昌历史悠久、文化厚重、科教区位优势明显，是武汉的城市文化名片，而《武昌历史文化丛书》正是一套向世人充分展示武昌这座历史文化名城的独特魅力和风采的作品。

第二，如何编好《武昌历史文化丛书》？

武昌是武汉文脉沉淀之地，积累了丰厚的文化资源，如黄鹤楼文化、辛亥首义文化、名人文化等，此前也有若干零星介绍武昌历史文化的图书，而这套丛书则是第一次全面系统梳理千年古城的历史文化、系统挖掘武昌历史文化资源的重要工程。

本丛书在整体设计上分为六个系列，形式新颖，内容全面，体系完整，时间上从公元223年至1960年代；空间上以现有武昌区行政区划为主，必要时以历史上的大武昌概念为界定，将为武昌发展作出重大贡献的历史人物、影响历史进程的重大事件与武昌地域特色文化相结合，激活武昌文化基因，展现真实、立体、全面的武昌，集中呈现武昌深厚的文化底蕴。

在作者的选择上，着重选择了对武昌历史文化素有研究的专家学者；在内容上，利用新史料，体现研究新成果，集历史性、权威性、知识性、可读性于一体；在形式上，采取图文并茂的形式。

第三，编撰《武昌历史文化丛书》的意义何在？

习近平总书记在党的十九大报告中指出：“文化兴国运兴，文化强民族强。没有高度的文化自信，没有文化的繁荣兴盛，就没有中华民族伟大复兴。”只有对自身文化有高度的自信，才可能带来武昌的繁荣兴盛。在新时代下，启动这套丛书的编撰，既体现了武昌区委、区政府的远见，也可谓正逢其时。

该丛书既是在新时代第一次全面、系统挖掘武昌历史文化资源的重要文化工程，也是响应市委、市政府建设“历史之城、当代之城、未来之城”号召的实践成果，更是加快建设现代化、国际化、生态化大武汉，全面复兴大武汉的具体举措，功在当代，利在千秋。

本丛书立足武昌，深入挖掘其中所蕴含的思想观念、人文精神、道德规范，并结合时代要求继承创新，突出展示武昌最具特色的核心文化元素，集中挖掘城区的文化根脉，讲好武昌故事，传承历史文化记忆，对于传承武昌区优秀的历史文化、提升居民文化自信、推进城区文化建设具有重大的现实意义，必然成为武汉市打造国家中心城市和世界亮点城市规划中绚丽的一环。

关于学习历史的意义，习近平总书记在中央党校建校80周年庆祝大会暨2013年春季学期开学典礼上讲道：“学史可以看成败、鉴得失、知兴替。”从武昌悠久、丰厚的历史文脉当中，我们也一定可以看清她的成败、得失、兴替，从而以更加清醒的头脑和更为厚重的历史感，借改革开放四十年的东风，更好地了解武昌、建设武昌、发展武昌。

是为序。

马　敏

2018 年 12 月于武昌桂子山

目　录 / Contents

大成路：消失的武昌府学

学宫和孔庙，是我国古代地方重要的文教建筑类型。西汉武帝时期，朝廷采纳董仲舒等人的建议，“罢黜百家，独尊儒术”，儒家思想从此成为中国古代历代王朝所尊崇的正统思想。汉武帝在长安置五经博士，创设太学。此后在西汉末年及新莽时期，最终由王莽在长安城南郊建起了明堂、辟雍、灵台等一系列建筑，在中国历史上第一次建成了都城太学建筑群。至东汉时期，朝廷更加崇奉儒学，光武帝统治时期即在洛阳南郊重建了太学，明帝时期更诏令天下“郡、县、道行乡饮酒于学校，皆祀圣师周公、孔子，牲以犬”①。由此，祭孔开始成为从中央至地方各级学校的重要礼制活动，各级学宫中此后也逐渐开始建造孔庙，作为祭孔的建筑空间。

---

① （南朝·宋）范晔：《后汉书》卷94。

明代《孔子燕居像》（山东曲阜孔子博物馆藏）

宋代是中国地方州县学全面大兴的时代，其大背景是这一时期朝廷的重文政策和文教的空前繁荣。在经历了晚唐藩镇割据和五代十国时期的分裂动荡之后，由军事政变而建立政权的北宋王朝，鉴于历史教训，在制度设计和统治策略上特别注意加强中央集权，防止地方割据和军人擅权。因此有宋一代，重文抑武成为国策，从中央到地方皆重用文臣。在此背景下，宋代科举大兴，尊孔崇儒成为社会风气，真宗皇帝还亲临曲阜孔庙行礼。此后，北宋先后有三次兴学，即庆历兴学、熙宁兴学和崇宁兴学。在庆历四年（1044）时，宋仁宗曾下诏，要求“诸路州、府、军、监，除旧有学外，余并各令立学”[1]，州县学在全国各地全面设立起来。

① （清）徐松：《宋会要辑稿》“崇儒”卷2。

山东曲阜孔庙鸟瞰（摄于 2020 年 8 月）

武昌古城内的学宫和孔庙，也正是在这一大时代背景中开始登上历史舞台的。隋代改郢州为鄂州，鄂州作为今武昌的城市名称一直沿用至元代初年。目前还未见唐代鄂州设立州学的明确记载，但至迟在北宋时期，鄂州城内已建有州学。明嘉靖元年（1522）《湖广图经志书》记载："（武昌）府学，在府治南半里，宋康定中，知州王素徙郡城南。庆历间，大增学舍，后夺为营垒。绍兴中，都帅田师中以教官朱棫之请，撤营修学，既而教授商飞卿请于州重建。宋末兵燹"[1] 在儒学大兴的两宋，鄂州州学得以屡毁屡建，规模也在不断扩大。

① 明嘉靖《湖广图经志书》卷 2。

南宋时期，鄂州州学中兴建了一座“稽古阁”，这一工程由州学教授许中应主持，自绍熙二年（1191）冬天开始，至次年夏竣工，耗资三百万，地方要员如太守陈居仁、转运判官薛叔似、总卿詹体仁、戎帅张诏等人也都捐资襄助。朱熹为之作有《鄂州州学稽古阁记》，其中写道：“鄂州州学教授许君中应，既新其学之大门，而因建阁于其上。椟藏绍兴石经、两朝宸翰以为宝镇，又取板本九经、诸史百氏之书，列寘其旁，不足则使人以币请于京师之学官。使其学者讨论诵说，得以厌饫而开发焉。”[①] 这座建在鄂州州学大门之上的稽古阁，不仅珍藏有高宗御书石经等“镇馆之宝”，还广泛搜罗和购买了大量经史典籍图并入藏其中，堪称为武汉地区见诸史料记载最早的“市立图书馆”了。

明代画家郭诩绘朱熹像

① （宋）朱熹：《鄂州州学稽古阁记》，《古文集成前集》卷 12。

从宋代鄂州州学开始，这一学校建筑的位置就确定在了黄鹄山东南麓一带。元朝延祐年间和明初洪武年间，又曾先后重建。元代初年在鄂州置鄂州路，成宗大德年间改名武昌路，武昌路学在元代也得到恢复和发展。元代前期著名文人程文海，曾对武昌路学的建设作出重要贡献。他于大德四年（1300）出任江南湖北道肃政廉访使，主持了对武昌路学的一系列修葺工程。“其年冬，郡学礼殿与祠祀之庑、棂星之门，俱一更张，情文粗称。又三年，讲堂成，观瞻粗完。”[①]元仁宗延祐四年五月至六年十二月间，武昌路学又进行了一次较大规模的修缮扩建工程。时任湖广行省参知政事的元明善为之作有《武昌路学记》一篇。其文记述道：

> 武昌墉山而城，堑江而池，挟滇益，引荆吴，据楚中而履南越，宋人二百年间，峙粮锻兵，岌为边垒。帝元一四海，而家之池也不足乎深，城也不足乎高，恤刑尚德，武弛文张。民日趋于礼乐之域，而不知为之者，建侯树屏，表疆明制。及此焉行中书省而统四道宣慰使，元将大吏，咸走节下，听约束，奉期会，然则武昌自为重镇矣。凡夫表厉化导之具，宜有以倡庶方而厉群目，独庙学陋小，不称司宪者，如诏兴言保厘者，责功郡守，振纪有严，营画是亟。礼殿、东庑、西庑、戟门、仪门、斋庐，为屋五十余间，端大坚致，丹碧藻绘，象设筵帟，皆视仪度，尊豆钟磬，不爽典祀。惟讲堂、经阁诸室，不创而葺。岁丁巳五月肇基，越己未十有二月告成。学后曰“鹄山书堂”者，废而入于豪夺，征刓归公。[②]

① （元）程文海：《武昌路学修造记》，《雪楼集》卷12。
② （元）元明善：《武昌路学记》，《清河集》卷4。

从以上记述中，不难窥见元代武昌路学恢宏的建筑规模和庄严的学宫仪象。武昌作为元朝湖广行省的治所，其学宫得以不断扩建，是与此时期武昌作为整个中南地区中枢的城市地位相称的，也是元朝统治者尊崇儒学的体现。元灭南宋统一全国后，湖北地区从原本宋元对峙的前线变为内陆腹地，军事地位下降，迎来了“武弛文张”的新时代。尽管元朝统治者来自草原游牧民族，但从世祖忽必烈开始即崇尚儒学，重视文教，元武宗时加封孔子为“大成至圣文宣王”，这也是历代孔子封号中最为世人熟知的一个。在经历了南宋末年的战争洗礼后，武昌在元代

山东曲阜孔子墓墓碑，其上刻元代所封“大成至圣文宣王”封号

重新迎来文教的恢复和发展。经过重新修缮的武昌路学和孔庙，不仅礼殿、东西两庑、戟门、仪门、斋舍等建筑齐备，规模宏大，且“端大坚致，丹碧藻绘，象设筵帟，皆视仪度，尊豆钟磬，不爽典祀”，一派威严气象。不仅如此，此次修缮还将路学后被“废而入于豪夺”的“鹄山书堂”重新恢复，收归路学所有。

明初改武昌路为武昌府，仍沿原路学为武昌府学和府文庙。弘治年间，武昌府学和府文庙在湖广左布政使张公实的主持下，进行了一次大规模修缮扩建。明代大儒李东阳为之作有《武昌府学重修记》一文，其中详述了此次修缮的具体情况，以及当时武昌府学、府文庙的建筑布局情况：

> 武昌旧有学，在府治东南，北直布政司。盖自宋庆历建学时已有之，而重建于国朝正统间，久寖颓敝。今天子嗣位之初，湖广左布政使张公公实莅政于兹。间以月朔，偕藩、臬诸公谒庙至学，感而言曰：“夫学舍至此，吾辈之责也。”谋于巡抚都御史郑公、巡按御史史公，请新之。乃发官帑，得羸赀若干两，曰：“此足吾用。”借民之有力者若干辈，曰：“此任吾役。”又简其官属之贤者数人，曰：“此办吾事。”刻日就役，撤明伦堂之旧而新之，为间五，其崇三丈。直前为绰楔，题曰“礼义”；其后建小台，名曰“望鲁台”；后为一亭，曰“仰高堂”。左右四斋，为间皆三，而两翼各增其一。东斋之后，广学官之廨，曰“履素”；西斋之后，为斋沐之所，曰“精白”。又西为会馔之堂。又西为号房，房八联，以间计者百四十。惟孔子庙规制宏伟，不敢轻议兴革，乃饰其垣楹，增堂之高数寸，前其池，楯其四旁。又前有戟门，为扉六，其东为神厨，西为神库。又于大门之外为

堂，曰“聚德”。又南为方桥三，中为神道，左右为通衢。经始于弘治己酉之冬，暨庚戌之秋而成。其始则材石山积，工徒鱼贯，旁午交错，莫知所定。既其成也，金碧髹垩，嵴嵘绚烂，离立交映，蔚为巨观者，殆不知其所繇致也。①

据清康熙《湖广武昌府志》记载，明朝嘉靖二十七年（1548）时，“按察使万虞凯以学门不宜由西，改辟于东偏；万历戊午年，提学葛寅亮改建，乃稍迁大成殿等于旧址西，规制始阔”②。清初顺治十二年至十四年（1655—1657），湖广总督祖泽远、湖广巡抚林天擎对毁于明末战乱的府学又主持了修复工程。雍正十年（1732），湖北巡抚王士俊再次对府学进行改建修缮，“即明伦堂旧址改建崇圣祠，拓学西地建明伦

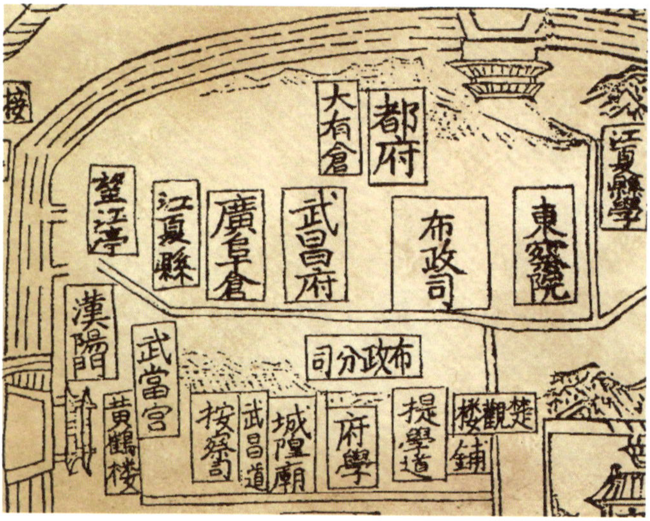

明嘉靖《湖广图经志书》武昌城池图中的府学

① （明）李东阳：《武昌府学重修记》，《怀麓堂集》卷33。
② 清康熙《湖广武昌府志》卷2。

堂，迁名宦祠于大成门左、乡贤祠于大成门右。置文武官舍于左右之下，又于棂星门左右添设戟门”[①]。至此，武昌府学的建筑布局乃最终确定。咸丰时期，其一度毁于太平天国战乱，随后湖广总督官文和湖北巡抚胡林翼又曾“率邑人士重修”[②]。

武昌府学和府文庙，位于武昌府城中部偏西处的黄鹄山南麓，南临玉带街（今大成路），西邻府城隍庙（后改为武当宫），东临长街（今解放路）。整个建筑群依山而建，地势由南向北逐渐抬升。其中路

1883年《湖北省城内外街道总图》中的武昌府学宫

①② 民国《湖北通志》卷55。

为府文庙，两侧分别建有东、西两路府学宫，整体格局方正严整。其中府文庙部分，依照明清以来中国地方城市孔庙建筑的惯例，依次布置有万仞宫墙、棂星门、泮池、大成门、大成殿、崇圣祠、乡贤祠、名宦祠、射圃等建筑，是一座格局典型、配置齐备的府学、府文庙建筑群。

万仞宫墙、棂星门和泮池，是中国古代孔庙建筑中入口部分的几大核心建筑，在武昌府文庙中也有非常规整的布置。棂星门是孔庙的正南门，为一种类似牌坊式的门楼建筑，是唐宋时期建筑形式“乌头门”的沿袭和变体，常用于孔庙和坛壝等礼制建筑中。棂星门通常为三开间，但也有五开间或两侧再设小门的案例。从清初修缮时“于棂星门左右添设戟门”的记载来看，清代武昌府文庙棂星门的规模应该不小，体现了作为省会府城文庙的不凡气派。在棂星门南面，还建有一座照壁，即所谓“万仞宫墙”。“万仞宫墙”这一名称语出《论语》中子贡的“夫子之墙数仞，不得其门而入，不见宗庙之美，百官之富。得其门者或寡矣”一语，本是子贡以“宫墙数仞”比喻孔子学问精深，后人增改为“万仞宫墙”，以示对孔子的崇敬。泮池则是孔庙前的水体空间，其渊源溯自鲁国的泮水。明清时期，孔庙泮池也逐渐形成和确立了建筑定制，一般为半圆形水池，建在棂星门和大成门之间，其上建有一座或三座泮桥。也有一些地方的孔庙，将泮池建在棂星门与万仞宫墙之间。武昌府文庙在棂星门和大成门之间建有半圆形泮池，泮池之上建有一座泮桥，但同时在棂星门以南，也掘有一座水池，可视为文庙的外泮池。这种在棂星门内外都设泮池的格局，也为江夏县文庙所采用，是武昌城内文庙建筑在布局上的一个特色。

泮池之后，则为府文庙的核心建筑群，即大成殿院落。大成殿的大门为大成门，门两侧建有乡贤祠和名宦祠，其中供奉历代本府籍贯

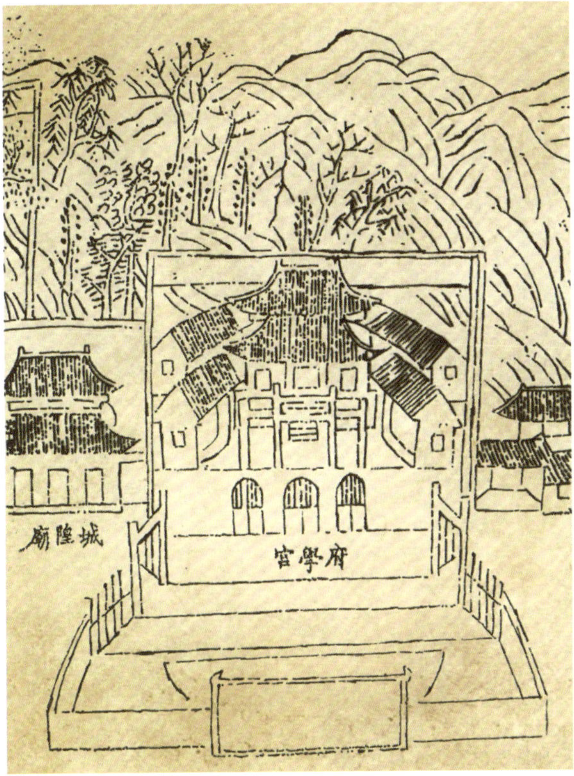

清同治《黄鹄山志》中的武昌府文庙图

的“乡贤”和出仕本府的“名宦”。入门后即大成殿，供奉孔子塑像。大成门和大成殿，皆是取自元代加封孔子的尊号“大成至圣文宣王”。大成殿之后，为崇圣祠，这是中国孔庙建筑自明代中后期开始出现、清代最终确定的一种新式建筑，用以奉祀孔子五代祖先，可视作孔庙中的“祧庙”。武昌府文庙崇圣祠建于府学明伦堂原址，从晚清时期的地图中可以看出，崇圣祠占地面积广阔，超过了大成殿的面积，且位于整个文庙最北端，地势最高，是清代武昌府文庙中最为雄伟的建筑之一。

“重修武昌府儒学碑记”碑首拓片（严涛传拓）

毗邻府文庙东侧东路府学之后，原为清代保甲总局。1902 年，张之洞模仿日本，在湖北率先建立起新学制，将普通教育划分为小学堂、普通中学堂和高等学堂三段，其中小学堂又分初、高等两阶段。张之洞首先在武昌城内兴办了五所高等小学堂，并按其所在方位，命名为东、西、南、北、中路小学堂。当时这些新式学堂草创，校舍大都因陋就简，暂用原先的官衙祠庙加以修葺，其中的中路高等小学堂，即位于府文庙东侧的保甲总局旧址处。①

在张之洞创办两湖高等学堂失败后，清末湖北长期没有官办普通高等教育学堂，直到 1911 年春，几经坎坷，湖北省在清末终于按照学部规定，办成了一所文高等学堂，名为“湖北高等学堂”。而这所在辛亥革命前夕方才成立的高等学堂，校址位于中路小学堂旧址，即毗邻武昌

① 张之洞：《筹定学堂规模次第兴办折》，赵德馨主编、周秀鸾点校：《张之洞全集》第 4 册，武汉：武汉出版社，2008 年，第 87 ~ 91 页。

1966 年 8 月的武昌府学旧址一带鸟瞰（U.S. Geological Survey）

府文庙东侧。当然，此学堂开学不久，辛亥革命武昌起义即爆发，学堂也在革命的炮火中夭折了。

不过，这处文脉绵长的学府胜地，在民国时期继续书写着在武汉高等教育史上的新篇章。民国元年（1912），湖北教育界部分人士捐资重设了一所英文学校，该校于 1913 年遵照教育部的要求改名为“湖北外国语专门学校”。据该校创办人之一、校长饶汉祕所述：“吾鄂教育，前清时曾设有方言学堂，以培养人才，研求各国各种学术政术之情。延至辛壬改革以还，校舍充作衙署，黉宫变为营垒，青年学子，求学无门……民国元年，汉祕与同学金君宗鼎、罗君仲堃、严君承荫、胡君纬等，有见及此，拟捐资私立英文院。嗣以校舍难得，规模过大，未及成立。未几，原驻旧文高等校舍之交通司裁撤，前教育司札委罗君仲堃保守校舍。遂重续前议，即就该校改立英文馆。”[1] 这里提到的创办此校的几位核心人物都是清末湖北新式学堂的湖北籍毕业生，其中饶汉祕、金宗鼎、罗仲堃、严承荫毕业于湖北优级师范理化专修学堂，胡纬则毕业于存古学堂。他们都是清末湖北学堂大兴的受益人，同时见证了家乡省城在经历辛亥革命后教育所遭受的摧残，迫切希望在民国建立后能够重振湖北教育事业。特别是他们鉴于清末方言学堂停办后，湖北全省没有一所专门的外语高等学校，而在地方经济社会发展中又有较为迫切的外语人才需求的局面，而决意创设这所新的外国语专门学校。由于罗仲堃当时负责保管前清湖北高等学堂的

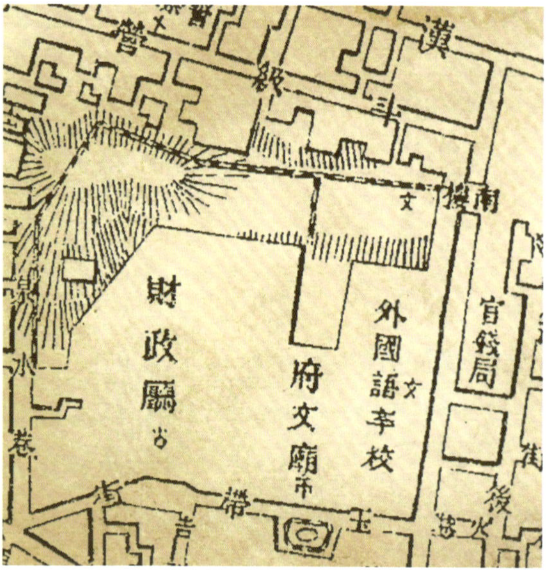

1922 年湖北陆军测量局制《武汉三镇街市图》中的武昌府文庙和湖北外国语专门学校

① 《湖北外国语专门学校同学录》，1916 年。

校舍校产，故而这所新的外语学校，也就设在了原高等学堂的旧址。在古香古色的孔庙旁，一所教授外国语言的近代专科学校与之毗邻而居，这种略显奇异的景象是古老的武昌城在走向城市近代化的进程中呈现出的新面貌。

1914 年，饶汉祕遵照有关规章，将校名由“省立外国语学校”改为“湖北省公立外国语专门学校”，当年 11 月获得北洋政府教育部批准备案。此后，该校平稳发展，至 1924 年在大学升格浪潮中，升格改名为“湖北省立文科大学”，1927 年并入国立武昌中山大学，成为今天武汉大学外语学科的重要发展源流之一。

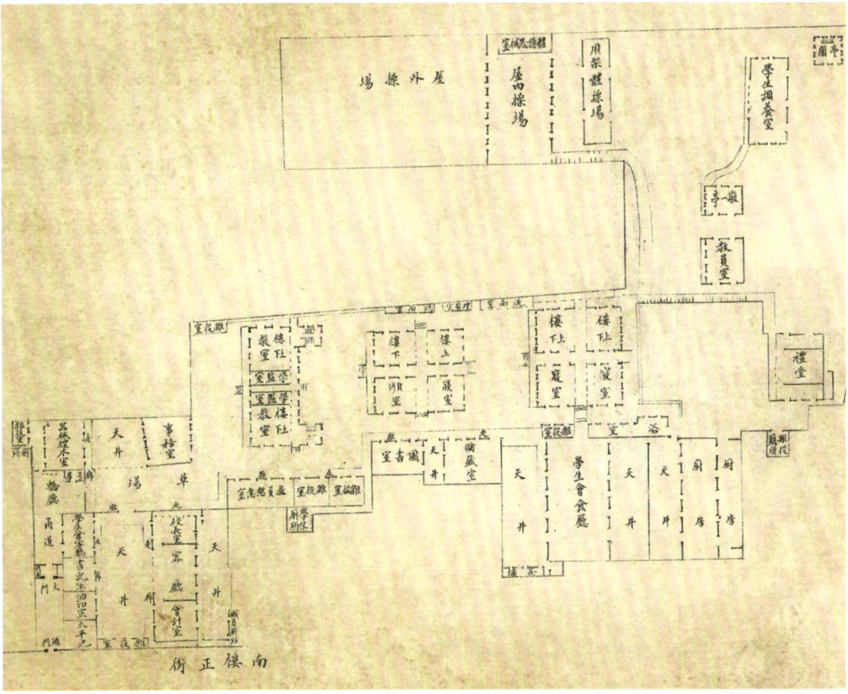

1914 年湖北省公立外国语专门学校校舍平面图

今日武昌大成路

在往后的历史发展与城市建设过程中，武昌府文庙和府学的建筑，都消失在了历史的尘埃中，只有府学门前的玉带街，1933 年改扩建时因孔庙而改名的“大成路”地名，[①] 一直延续至今，成为昔日武昌古城中数百年黉门圣地唯一的见证。

① 武汉市地名委员会编：《武汉地名志》，武汉：武汉出版社，1990 年，第 253 页。

火炬路：湖北贡院与江夏县学

今天的武昌旧城北部有一条东西向的小路，名为“火炬路”。在历史上，这条小路以今天的楚材街口为界，分为东西两段，分别名为“东卷棚巷”和“西卷棚巷”。“卷棚”，即古代科举考试的考棚。在这条路北侧曾经存在着一大片遍布考棚的建筑群，是明清时期的湖广（湖北）贡院。

贡院是科举时代举行科举考试、为国取士的重要场所。明清时期国家层面的正式科举考试分为三级，即乡试、会试和殿试。乡试为省一级考试，地点在各省省会，每三年举行一次，考期在农历八月，故又称“秋闱”。参加乡试者，大部分是各府、州、县学的生员，此外也有国子监监生，其考试地点，正是建于各省省城内的“贡院”。乡试考中者称“举人”，他们在第二年农历二月，可前往参加在京师贡院举行的会试，即所谓“春闱”，考中者称“贡士”，当年即参加在宫中由皇帝亲自主持的“殿试”，经殿试合格后称为“进士”。

这一层层选拔的考试制度中，武昌作为明代湖广、清代湖北的省城，其贡院历来是乡试的举办地。据方志记载，明清两代的武昌贡院皆位于城北凤凰山南麓，西侧毗邻江夏县文庙。贡院内绝大部分地方，都是联排的“考棚”（也称“号舍”），即乡试考场。考场被分割为一个个

南京江南贡院旧影

小考间，并依照《千字文》编号，考试期间考生就在里面答题写作。考场中央建有“明远楼”，它是建在高台之上的一座楼阁建筑，为考试时的“监考楼”。在中轴线北端正中建有“至公堂”，是主考官主持考试的地方，其后还有“衡文堂”“衡鉴堂”等建筑。南边大门外的贡院前街（今楚材街）上，还建有一座牌楼，正反两面分别写有“辟门吁俊”和“惟楚有才”四字。

科举停废后，贡院也暂时被闲置。1912 年，此处最早创办了湖北省公立法政专门学校。全校共分为法律、政治和经济三科，是民国前期湖北培养法律行政专门人才的主要高等学校，后来亦升格为“湖北省立法科大学”，即今天武汉大学法律学科的最早前身。[①] 其一侧还曾设有一座“私立法政专门学校”，后停办并入私立武昌中华大学。在城市发展建设

① 李珠、皮明庥主编：《武汉教育史》，武汉：武汉出版社，1999 年，第 328 页。

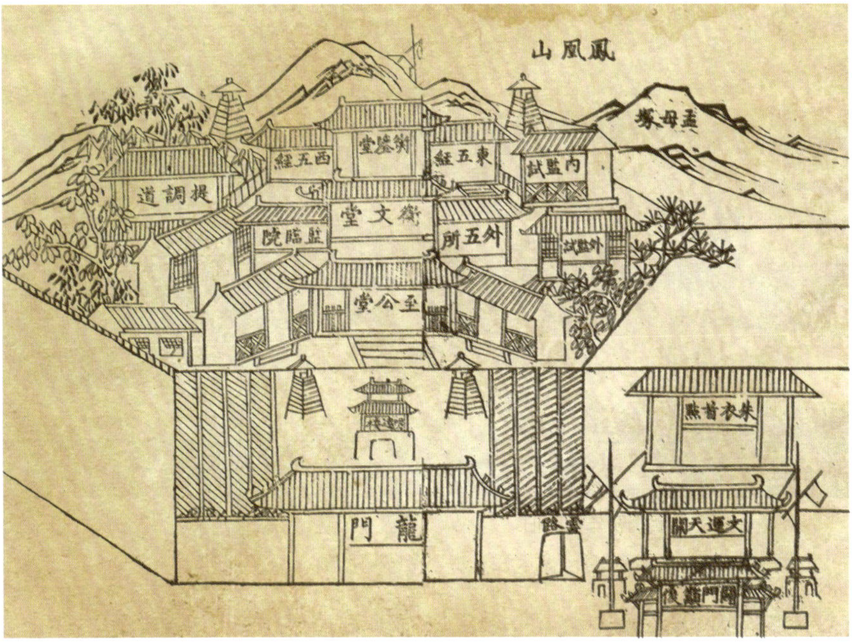

清乾隆《江夏县志》中的湖北贡院图

的过程中，昔日贡院的老建筑早已消失无踪，但直至今日这里仍是武昌古城内重要的教育场所，如今她的主人是湖北省武昌实验中学。该校近年来在校园内已陆续复建了“惟楚有才”牌楼和明远楼等贡院时代的地标建筑，延续着此处昔日黉门圣地的文脉。

江夏县是明清武昌府的附郭县，县学宫和县文庙也设于武昌城内。在宋元时期，附郭县一般不单独设县学，这一时期的江夏县学也是附设于鄂州州学或武昌路学中。最早单独设立江夏县学，是从明代洪武年间开始的。据《湖广图经志书》记载，“本朝洪武初，在黄鹄山北，教谕沈浩然增创，后改建楚府广阜仓。”[①] 楚王府的广阜仓位于今武昌民主

① 明嘉靖《湖广图经志书》卷 2。

民国初年贡院旧址上的湖北省公立法政专门学校校舍
（《湖北省公立法政专门学校庚申同学录》，1920 年）

1966 年的武昌贡院旧址一带全貌（U.S. Geological Survey）

路小学西侧，其地至今尚有地名称“广福坊”，便是最早的江夏县学所在。不过此后有明一代，江夏县学多次迁移，先是因为楚府修建广阜仓而于洪武九年（1376）被迁到平湖门内归厚坊，弘治时又再迁移到了城北一隅的凤凰山南麓，紧邻贡院西侧，至此方才固定不徙，清代皆沿袭不变。唯咸丰朝时毁于太平天国之乱，同治朝重建时略有更改。同治《江夏县志》详细记载了江夏县学的建筑情况，并附有图画一张，此外 1909 年测绘的《湖北省城内外详图》亦较为准确地绘制了县学和贡院建筑的平面布局情况。

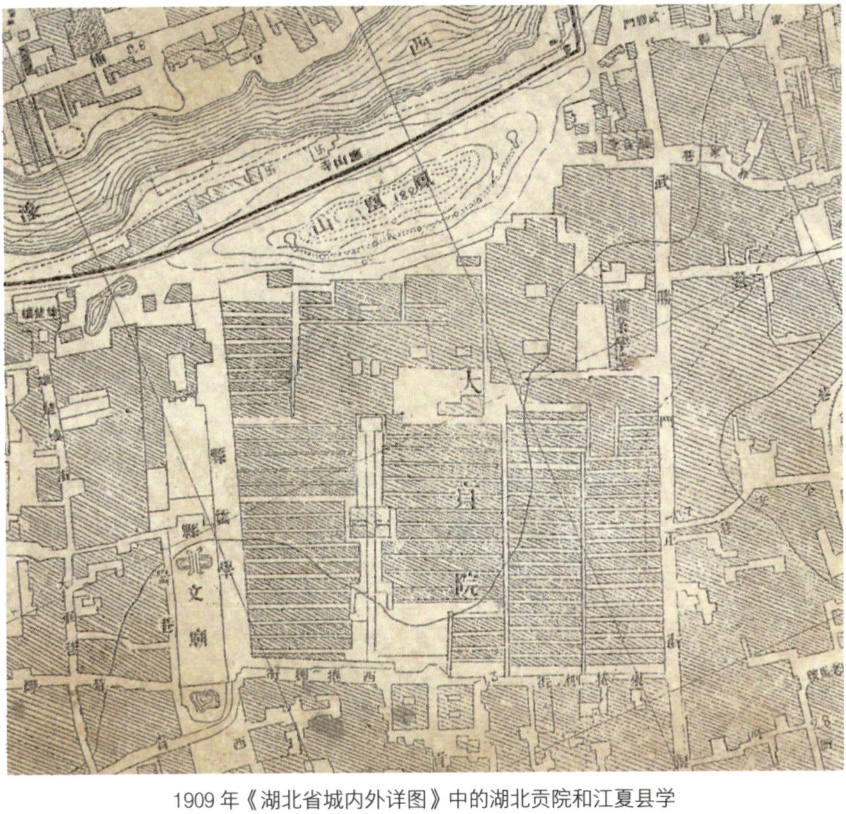

1909 年《湖北省城内外详图》中的湖北贡院和江夏县学

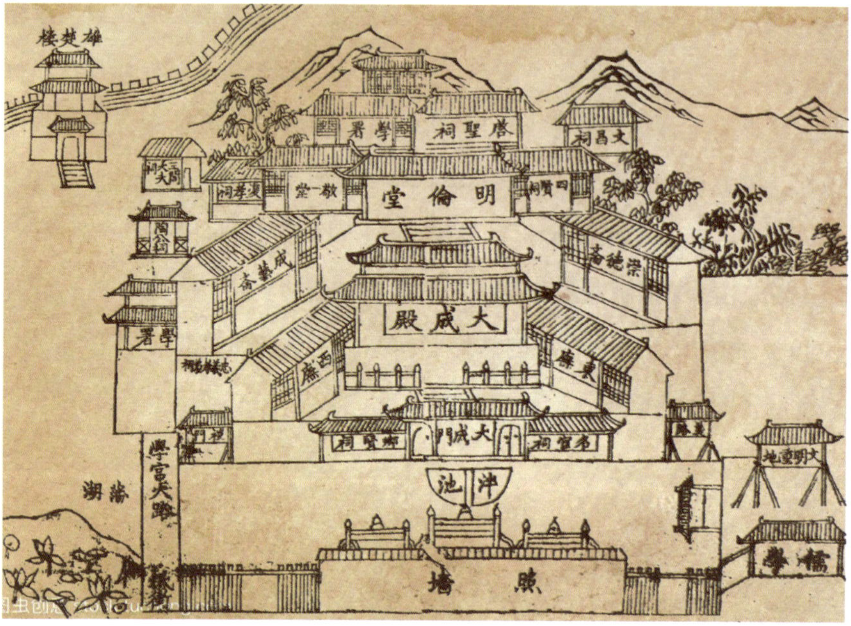

清乾隆《江夏县志》中的江夏县学宫图

根据相关史料记载，清代江夏县学北依凤凰山，南抵青石桥街，东面紧邻武昌贡院，西北与雄楚楼相接，西南侧以黉巷为界，总平面为南北狭长形。其南部结构与武昌府学类似，由南往北依次为万仞宫墙、外泮池、棂星门、内泮池、大成门。内泮池为半圆形，其上建有石桥一座。棂星门前的外泮池广场，东西两侧建有“德配天地”和“道冠古今”两座辕门，这也是孔庙建筑常见的标配。大成门两侧，与武昌府学类似，建造有乡贤祠和名宦祠各一座。进入大成门为县文庙主殿——大成殿，是一座五开间重檐顶殿堂，前有月台，供祭孔举行仪式时所用。大成殿之后是明伦堂，再之后是崇圣祠，布局与武昌府学有所不同。明伦堂东西两侧，是县学的东斋和西斋。而县学的其他号舍、官廨等建筑，则集中分布于文庙的东面。这一路学宫建筑，在南面另有独立的头门，其内还建有“文明重地”牌坊一座。与武昌府文庙东西两侧对称建有两路学宫的布局不同，江夏县学为左学右庙格局，而明伦堂和斋舍等学宫建筑，则布置在孔庙一路上，可见其庙学之间的分界也并非截然。除此之外，在这组建筑群中，还建有忠义孝悌祠、土地祠、敬一亭、节孝祠、四贤祠等建筑。

清末停废科举后，江夏县学逐渐荒废。其东路县学部分，曾作为中学校园使用。国民政府时期修筑中正路北延线，县学正在马路范围内，因而被拆除，今已无存。其原址所在地，大约在今武昌解放路最北段一带。不过，当年县文庙西侧紧邻的小巷，向西横向延伸的一段，也名为“黉巷”，倒是一直被沿用，只是 1967 年因其在大革命时期办有武昌农民运动讲习所，便依谐音改为“红巷”了。①

① 武汉市地名委员会编：《武汉地名志》，武汉：武汉出版社，1990 年，第 374 页。

江夏县学宫图（麦小朵绘）

三道街：从经心书院到商科大学

武昌城蛇山以北，有一脉与蛇山平行的低矮山丘——胭脂山。在蛇山与胭脂山之间的谷地中，东西向建有一条街道，名叫“三道街”。三道街是武昌城内历史悠久的老街，至迟在清初已形成和定名。其得名“三道”，是因为清初在这条街上，并排分布着三个被简称为“道”的衙门，即盐驿道、学道、武昌分守道。其中的学道，于清康熙四十一年（1702）改称提督湖广学院，其长官称“提督学政”或“提督学院”，也简称“学政”。清代的提督学政是朝廷派遣到各省主持三年一次的科举“院试”考试，并管理该省学校事务、督查各地学官的官职，可视为一省最高教育长官。

湖北提督学政衙门在明代几易其址，清康熙十七年（1678），“学道蒋永修于胭脂山南前所营守道署左修建，又购民舍拓之”[①]。因为这一衙门既是学道办公场所，同时也是武昌府的院试考场，故而到了康熙三十四年（1695），“学道岳宏誉增置考棚。”[②] 至康熙四十一年（1702）改学道为提督学院，地位进一步提升，其衙署大门也进行了改扩建，“特于署门外增置鼓棚、牙旗”[③]。在当时的政治制度和行政体系中，

---

①②③ 民国《湖北通志》卷26。

清康熙《湖广武昌府志》武昌城池图中的三道街

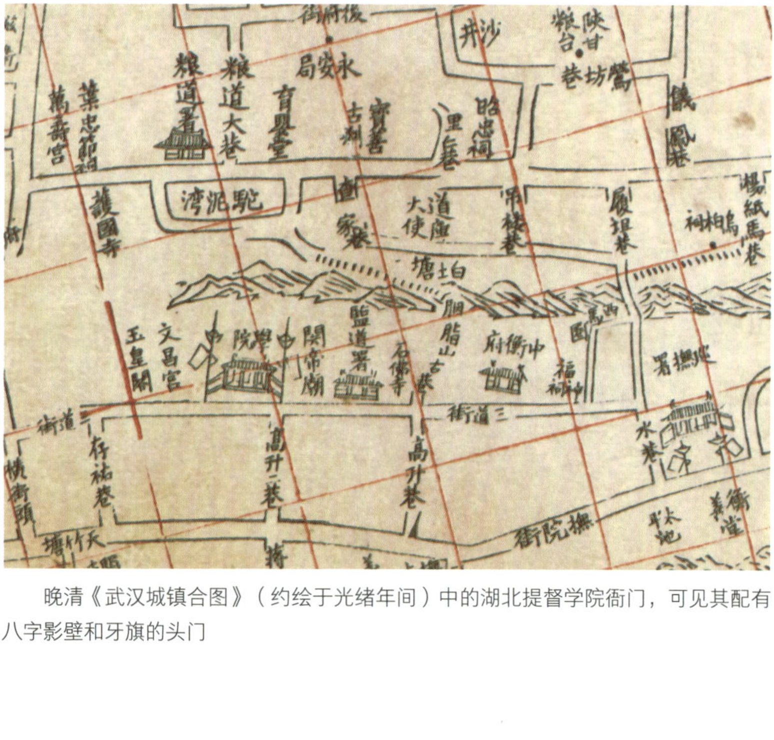

晚清《武汉城镇合图》（约绘于光绪年间）中的湖北提督学院衙门，可见其配有八字影壁和牙旗的头门

提督学政是位阶较为尊崇的中央派遣官，比布政使、按察使等地方官的地位更高。从其衙署门前的“鼓棚、牙旗”，不难想见当时此处经过改扩建后的衙门，在三道街上是最为气派威武的一处。

据史料记载，同治八年（1869）张之洞出任湖北提督学政时，对此处衙门又进行了一次较大规模的修缮扩建。此前这组建筑群因咸丰年间太平天国战争而遭到严重损毁，刚刚得以修复，而张之洞则进一步“圈购民基，展拓考棚，在藩库支款，委武昌府知府监修”[①]。不仅如此，他还在学院衙门西侧的文昌阁处修建了一座新的书院，取名“经心书院”。[②] 此时的张之洞，在仕途上刚起步不久，尚未成为日后的“洋务殿军”。同治年间，他先后担任浙江、湖北、四川三省学官，掌管科举事务成为他官场生涯的起点，这冥冥之中似乎注定了他与近代中国教育变革的不解之缘。

虽然此时已是鸦片战争后的近 30 年，汉口开埠通商也已 8 年，近代的曙光已经照进中国内陆的长江流域，但身为湖北学政的张之洞，所建造的这所经心书院在当时仍只是一座中国传统书院。书院设山长一人主持其事，后改名监督。下设提调一人，监院三人，各科分教各一人。[③] 由于教育经费极为有限，当时的许多书院只有定期“考课”，即举行科举模拟考试，平日并无固定讲学研讨，可谓空有书院之名。而经心书院在当时的湖北省城，是极少数维持了完整教育功能的书院，殊为不易。

经心书院刚一建成，就搬离了三道街，迁往都司湖畔的火星堂。直

① 民国《湖北通志》卷 26。
② 民国《湖北通志》卷 58。
③ 李珠、皮明庥主编：《武汉教育史》，武汉：武汉出版社，1999 年，第 78 页。

张之洞

到 1890 年，书院才重新迁回最初的原址——三道街，而都司湖畔火星堂的书院斋舍，则被张之洞改设成另一所新式书院——两湖书院。经心书院是张之洞早年主政湖北学务时一手创建起来的，且在当时是湖北为数不多的较有成效的传统书院。张氏在继续保留这所书院的同时，也着手对其进行了一系列改革，书院开始事实上向着新式学堂的方向演变。如在教学科目和内容设置上，张之洞决定经心书院改习天文、外政、格致、制造、算学、日文、西文、体操等科目，使之逐步成为一所西学专门学堂。[①] 到了 1902 年张之洞开始通盘规划湖北新式教育的学

① 苏云峰：《张之洞与湖北教育改革》，台北："中央研究院"近代史研究所，1983 年，第 62 页。

制时，仍延续着旧式书院形式的经心书院，也就即将步入历史了。1903年，经心书院被张之洞停办，学生中择优进入两湖书院继续就读。经心书院的办学历史上，培养出了许多优秀的人才，毕业的知名校友有李廉方（清末留日学生，辛亥革命元老，民国“双十”国庆节的首倡者，后曾任内务部秘书长、国立武昌师范大学教授、河南大学教授、河南省教育厅厅长等职）、张继煦（清末留日学生，民国后曾任国立武昌高师校长、教育部普通教育司司长、安徽省教育厅长等职）、胡石庵（革命党人、兴中会会员）等。

经心书院的停办，并没有为武昌三道街学府之地的历史画上句号。这处旧日武昌城内规模最大、设施最为完备的旧式书院建筑群，在1902年时，一度作为由自强学堂改名的方言学堂临时校舍。到了光绪三十三年（1907），张之洞又在此地正式创办了一所新的学堂——存古学堂。张之洞在湖北兴学期间，开办了大量侧重“西学”和“实学”的学堂，在他入主清廷学部后，面对晚清新式教育普及和科举废除对于传统国学所造成的冲击，作为传统的儒家知识分子，他对此忧心忡忡。于是，他一面在全国教育中全面加强读经等传统教育内容，一面又试图在新的教育体系中为传统儒学留下专门的生存空间。存古学堂便是张之洞在武昌首创的一种特殊类型的学堂，张氏为其发展、建设倾注了不少心血，也对其承担起“保存国粹”的文化重任曾寄予厚望。

1907年，张之洞曾针对这一新的学堂专门上奏折向光绪皇帝陈明自己的想法。他在奏折中说：“国文者，本国之文字语言，历古相传之书籍也。即间有时势变迁，不尽适用者，亦必存而传之，断不肯听其澌灭。至本国最为精美擅长之学术、技能、礼教、风尚，则尤为宝爱护持，名曰国粹，专以保存为主。凡此皆所以养其爱国之心思，乐群之情性。东西洋强国之本原实在于此，不可忽也。……中国之圣经贤传，阐明道

民国时期的原经心书院、存古学堂校舍
（《国立武昌商科大学第六次毕业同学录》，1924 年）

德，维持世教，开启神智，尊显乡邦，固应与日月齐光，尊奉传习。即列朝子史，事理博赅，各体词章，军国资用，亦皆文化之辅翼，宇宙之精华，岂可听其衰微，渐归泯灭？”因此，他决定创设专门的学堂，用来保存国粹：“查经心书院，乃臣从前提学湖北时所建，专为令诸生通经学古而设，所出人才，蔚然称胜。兹即将经心书院故址，改为存古学堂，将屋宇量加修改添造，务期合法。建造书库，多储中国旧学图书、金石、名人翰墨、前代礼器。专聘博通中学经、史、诸子、词章各门学问之师儒为教员，选取中学较优之生收入此堂肄业，即专习此数门。”①

① 张之洞：《创立存古学堂折》，赵德馨主编、周秀鸾点校：《张之洞全集》第 4 册，武汉：武汉出版社，2008 年，第 302 ~ 303 页。

显然，张之洞对存古学堂寄望甚厚，将它在新学制中预设为相当于高等学堂程度的层次，生源来自中学堂的优秀毕业生。在张之洞的心目中，存古学堂不仅是湖北首创，将来还要推行到全国各省。当时在武昌城内的既有房舍中，由他本人早年一手创建，本为传统旧式书院格局、条件较好的经心书院旧址，自然是开办存古学堂的最佳校址了。在经心书院既有房舍的基础上，张之洞仍进行了一系列改扩建，其中最为突出的建设，就是他在奏折中所说的“多储中国旧学图书、金石、名人翰墨、前代礼器”的书库了。这一藏书建筑名为石经楼，位于学堂校园最北端的胭脂山山腰之上，依山而建，地势高敞，环境优美，而其中丰富精美的收藏，更是存古学堂的一大亮点。清廷学部在宣统年间派员调查存古

民国时期的原经心书院、存古学堂校舍

（《国立武昌商科大学第六次毕业同学录》，1924 年）

民国年间的原存古学堂石经楼
(《国立武昌商科大学第六次毕业同学录》，1924 年)

学堂后，对该学堂校园布局和建筑设备情况给予了充分肯定，特别是称赞了这座石经楼："该堂系经心书院旧址，讲堂新建，他室依旧，构造颇多幽趣。其石经楼高爽明敞，尤饶清旷之致……堂内古书颇多，足资参考。"①较为丰富的藏书量和相对优良的校舍条件，是存古学堂的一大特点。学堂校友曾回忆称："存古学堂藏书楼系一座新建的高大楼房，聚集了两湖书院、经心书院以及所有湖北官书……宿舍和自习室是新添洋式楼房。宿舍在一楼，房间宽大，每房住四人。自习室在二楼，每人占用面积很大，等于一个小图书室。"②

---

① 《湖北存古学堂经费调查表》，《学部官报》第 158 期，1911 年 7 月 6 日。
② 罗灿：《关于湖北存古学堂的回忆》，《湖北文史资料》第 8 辑，1984 年 4 月。

张之洞“保存国粹”的出发点固然美好，但在全面学习西方的教育现代化时代浪潮中和科举停废的现实之下，存古学堂的地位从一开始就是颇为尴尬的，其教学内容、办学模式、教育理念等，都天然带有强烈的保守性，与清末的新学制和其他各新式学堂也难以融合共存。在1909年湖北咨议局召开的第一届常年会上，湖广总督陈夔龙原拟提议对存古学堂进行扩充，“逐年添招学生一班，以维国学于不坠”[①]。但咨议局议员们经过讨论后则认为，“该学堂章程未尽完善，例如毕业限以七年，收招高等小学毕业生则程度不足，收招中学毕业生则期限太久，招之不来。又如词章列为专科，经史以外，岂词章足言国粹？”故而议决“扩充可缓”。[②]此后随着辛亥革命爆发，清廷覆亡，存古学堂也就成为历史了。

在辛亥革命中，武昌城经历了战火的洗礼，城内各学堂不仅大都办学中辍，且有许多学堂校舍直接损毁于兵燹之中。存古学堂校舍因位于蛇山以北，相对远离战火密集之地，故而得以幸免。民国初年，这处城内设施条件相对优良的校舍，受到了地方有识之士的青睐，酝酿在此重新恢复弦诵之声。在此背景下，“首义都督”黎元洪开始登上了湖北近代高等教育发展史的舞台。黎氏本为张之洞督鄂时期的重要幕僚，跟随张之洞一起经历了“湖北新政”的风起云涌，见证了清末湖北新式教育的发达，也目睹了辛亥革命后武汉教育的残破。他虽是行伍出身，但对民国后重振乡邦文教事业始终念兹在兹。早在1913年他便与湖北部分有识之士，拟定了在汉创办一所“武汉大学”以纪念辛亥首义的计划。

---

① 《湖北咨议局第一次常年会议决兴学筹款以广教育案湖广总督交议原案》，吴剑杰主编：《湖北咨议局文献资料汇编》，武汉：武汉大学出版社，1991年，第144页。

② 《湖北咨议局第一次常年会议决兴学筹款以广教育案》，吴剑杰主编：《湖北咨议局文献资料汇编》，武汉：武汉大学出版社，1991年，第126页。

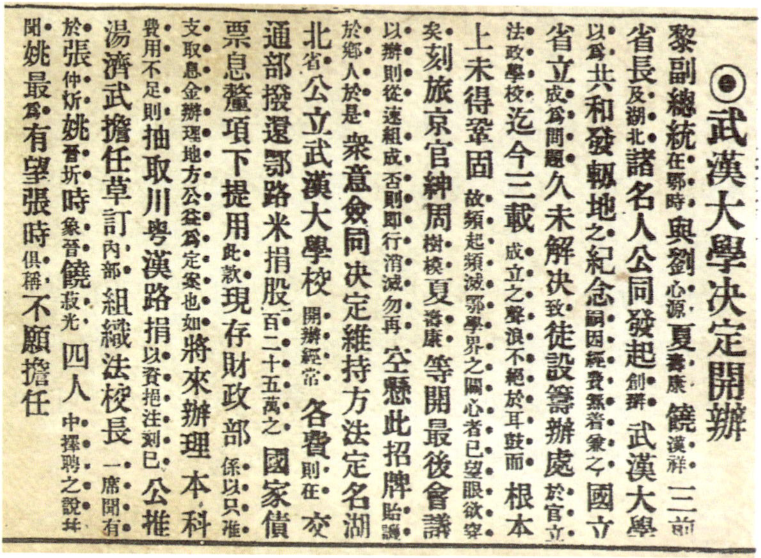

◉武漢大學決定開辦

黎副總統在鄂時與劉心源夏壽康饒漢祥三前省長及湖北諸名人公同發起創辦武漢大學以爲共和發軔地之紀念嗣因經費無着兼之國立省立成爲問題久未解決致徒設籌辦處於官立法政學校迄今三載成立之聲浪不絕於耳鼓而根本上未得鞏固故頻起頻滅鄂學界之關心者已望眼欲穿矣刻旅京官紳周樹模夏壽康等開最後會議以辦則從速組成否則即行消滅勿再空懸此招牌貽譏於鄉人於是衆意僉同決定維持方法定名湖北省公立武漢大學校開辦經常各費則在交通部撥還鄂路米捐股百二十五萬之國家債票息釐項下提用此款現存財政部係以只准支取息金辦理地方公益爲定案也如將來辦理本科費用不足則抽取川粵漢路捐以資挹注刻已公推湯濟武擔任草訂內部組織法校長一席聞有於張仲炘姚晉圻時象晉饒叔光四人中擇聘之說并聞姚最爲有望張時俱稱不願擔任

1915 年《申报》报道民初武汉大学筹备事

为了推动这一办学计划的实现，有关人士发起成立了“武汉大学筹备处”。1915 年曾有杂志报道：“黎副总统在鄂时，与刘心源、夏寿康、饶汉祥三前省长及湖北诸名人，公同发起创办武汉大学，以为共和发轫地之纪念。嗣因经费无着，兼之国立、省立成为问题，久未解决，致徒设筹办处于官立法政学校，迄今三载，仍未得一确实办法。”[①] 尽管如此，这所“武汉大学”的筹办者们仍然努力争取，至 1916 年时，“因所指拨鄂路米捐股，现存部中，未允拨充经费，仅年拨息金二万六千元，不敷设立大学之用，议定先行开办商业专门学校，以树基础。大学筹备事宜，则徐图进行……即以前存古学校为校舍，该筹备处附设于该校，

① 《武汉大学决定开办》，《学生杂志》第 2 卷第 10 期，1915 年 10 月。

由校长兼办，以一事权，而节经费”①。

在经费困难的局面下，“武汉大学”筹办者们决定退而求其次，在清末存古学堂旧址处，先行办起了国立武昌商业专门学校（简称“武昌商专”），这既是无奈之举，也是符合现实所需。事实上，在武汉创办商业高等专门教育机构，是清末就有的计划。早在张之洞1893年创办自强学堂时，就在其中设立了“商务门”，只是因为后来实际办理不善而宣告停办。1910年湖北咨议局第二次常年会中，咨议局议员在针对湖广总督瑞澂提交的教育议案中，亦特别提出应于宣统三年（1911）添办学堂计划中列入高等商业学堂一项。民国初年成立武昌商专，是我国第一所全国性的高等商业专门学校，在中国近代商科高等教育史上也具有重要地位。

国立武昌商业专门学校的首任校长为汪济舟。汪氏是清末经心书院的学生，后自费赴日本早稻田大学学习政治经济学，回国后历任武昌商业中学和汉口银行讲习所教员、北京财政讲习所教务长。他就任武昌商专校长后，努力作为，使这所新成立的高等学校取得了一系列发展成就。在人事方面，他聘请葛宗楚为主管教学的教务主任，罗仲堃为主管学生生活的斋务主任，并聘用孙家声、陈光恒、罗兆鸿、鲁济恒、雷宝杏、孟吾祺、何润珩等为教员。这些教职员全都具有国外留学的背景，除了孙家声、陈光恒为英国留学生外，其余皆为留日学生。在教学方面，他鼓励和提倡教师使用、编写新教材。在校园生活方面，他组织创建了师生互助共进的组织“石经会”，设编纂部、英语部、研究部、演讲部、网球部等机构，以鼓励师生的学术研究、商情调查和体育锻炼。他曾经轮派学生调查武汉商情，并开会讨论，穷极利害，

① 《武汉大学始基》，《教育周报》第127期，1916年6月。

武昌商专学校内设的银行实习室
（《国立武昌商业专门学校第二次同学录》，1920 年）

咨报商会，以为借镜。在汪氏长校的三年间，武昌商专就培养了包括杨献珍、翦伯赞、李之龙、武堉干等众多杰出校友，获得了良好的社会声望。

从民国初年武昌商专的校门老照片中，可以看到学校大门前左右两侧悬挂了两块牌匾，其中一块写着“武汉大学筹备处”。尽管后来这一“武汉大学”创办计划未能实现，但武昌商专得以延续并不断充实发展，后来又升格为“国立武昌商科大学”。该校设有国外贸易系、领事系、交通系、普通商业系、保险系等 5 个系科，并附设有商科中学一所。1924 年至 1925 年间，中共早期革命领导人王明（陈绍禹）曾就读于该校。1927 年，国立武昌商科大学并入国立武昌中山大学，由此成为日后武汉大学经济学科的最早来源。

武昌商专时期的校门，门前挂有“武汉大学筹备处”门牌
（《国立武昌商业专门学校第二次同学录》，1920 年）

由于武昌商专创建者本意是要办一所综合性的“武汉大学”，因此在 1916 年先办商科并选址清末存古学堂，原本是因陋就简的临时之举。只是后来由于这所“武汉大学”无疾而终，武昌商专和后来的国立武昌商科大学也就一直在此办学了。正如前面所说，存古学堂校舍在宣统年间清廷学部对湖北省城各学堂开展的学务调查中，是为数不多的在校舍建筑和仪器设备方面得到了学部视学官员肯定的一处。其面积虽然不大，但建筑质量较好，是武昌城内唯一可与两湖校舍相媲美的一处清末学堂建筑群。根据《国立武昌商科大学全图》可知，直至 1925 年，国立武昌商科大学校园基本上仍是延续清末存古学堂时代的旧有格局。校园的东南部大体是经心书院时代所形成的传统书院模式，共有四进院落，最后一进是石经楼。校园的

民国时期的武昌三道街
（《国立武昌商业专门学校第二次同学录》，1920年）

西部和北部，则是清末改制学堂以后至民初所陆续进行的改扩建筑，其中包括晴雨操场、商业实践室、两层楼的教室、自习室和寝室等。[①] 大约在改名国立武昌商科大学前后，学校拆除了书院时代的老旧校门，改建了一座西式校门。除此之外，整个北洋时代，这处校舍并没有发生多大的变化。

国立武昌商科大学并入国立武昌中山大学，随后国立武昌中山大学改组为国立武汉大学后，三道街校舍暂被闲置。1929年初，湖北省教育厅决定以原湖北省立第一中学师范科为基础，组建湖北省立师范学校，校址即设在三道街国立武昌商科大学旧址。直至1936年，此处皆

① 《国立武昌商科大学全图》，《国立武昌商科大学第六次毕业同学录》，1924年。

国立武昌商科大学校门

（《国立武昌商科大学第六次毕业同学录》，1924 年）

为湖北省立师范学校校园。全面抗战爆发后，该地又曾为湖北省立第二女子师范学校。中华人民共和国成立后，这里还曾作为武汉市警官学校、武汉市四十六中校园。如今，校内历史建筑大都被拆除了，唯有校园西南一隅尚存一栋晚清时期修建的平房，为经心书院、存古学堂时期的历史建筑，弥足珍贵。

都司湖：博大瑰玮的两湖书院

明清以来，武昌古城作为湖广省会，历来为文教重镇。不过真正使这座城市在整个中国的高等教育史上大放异彩、奠定重要地位的，还是在近代中国新式教育产生以后。对于武昌古城而言，张之洞督鄂的19世纪90年代，是近代官办新式高等教育的发轫时代。正如前面提到的，在张之洞就任湖广总督后不久，其早年在湖北学政任上所创建的经心书院，便迁回了三道街的最初原址；而在都司湖畔的斋舍，则被张之洞拿来加以改造，“垫高地基，疏消水道，添造斋舍，购置书籍，延访名师”，兴办了一所新的书院——“两湖书院”①。

两湖书院，顾名思义，乃是选取湖北、湖南两省儒生学士入内就读，故而得名。按照计划，湘鄂两省在书院中，各分配有100名的学额，另设40名商籍学额，专供两湖茶商子弟入学。这一仍冠以“书院”之名的机构，是尊经书院、广雅书院办学模式和思路的延续，在张之洞最初的想法中，依然是打算按照中国古代传统书院模式开办的。书院早期主要开设有经学、史学、理学、文学四门，每门设分教一人，令学生

① 张之洞：《查明茶商捐助书院学堂经费商情乐从折》，赵德馨主编、周秀鸾点校：《张之洞全集》第2册，武汉：武汉出版社，2008年，第441页。

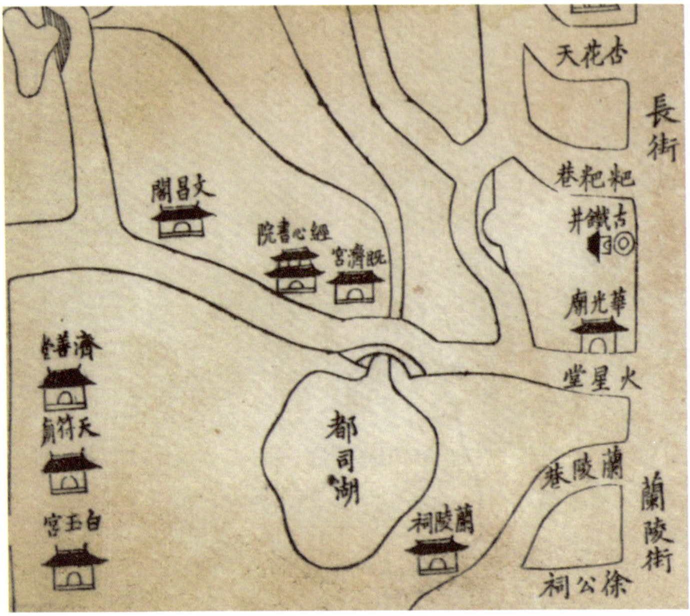

1883 年《湖北省城内外街道总图》中的都司湖和经心书院

自主选择专习一门。书院的办学模式，主要仍是传统书院的会讲与课试模式，没有固定的毕业年限，也没有“培养方案”和“课程表”一类固定的规则，这些都体现出浓厚的旧式书院色彩。但在具体的教授内容上，两湖书院已经体现出许多新的时代特征。台湾学者苏云峰在研究了书院学生唐才常的课卷和家书后认为，早期的两湖书院斋舍管理较为松弛，在授课内容方面，除了传统儒家经典外，也开始更加关注实际政治问题的探讨，并注重培养学生开阔的国际视野，引导学生阅读西方读物。①

① 苏云峰：《张之洞与湖北教育改革》，台北：“中央研究院”近代史研究所，1983 年，第 52 ~ 57 页。

民国时期的两湖书院旧址景色

（《北晨画刊》第 4 卷第 5 期，1935 年 3 月 16 日）

两湖书院虽然诞生在国家四方多事、民族危机日盛的晚清时代，却是武汉旧式高等教育发展史上的顶峰。可以说，这一书院是张之洞督鄂早期，在湖北旧式传统高等教育领域所创造的一次“回光返照”。书院创办之初即名噪一时，与广东广雅书院齐名，被时人并称为“清末两大书院”。书院里的学生参与科举考试而取得功名者，亦为数众多。然而，大时代毕竟已经变了，传统书院的教育模式已经不能适应时局发展的需要，张之洞本人在鄂大举兴办洋务的过程中，也逐渐深刻认识到了这一点。因此，在书院开办数年后，张氏即着手对书院进行了大刀阔斧的改革。虽然仍名“书院”，但事实上与旧式书院已截然不同。

改革之后的两湖书院，仿照学堂的模式，改成教师每日上讲堂授课，学生也必须住院每日上课，这是书院制度的重大变革，标志着两湖书院已经告别了传统书院的自学、不定期会讲的授课模式。在课程方面，废除了文学与理学二门，另加舆地与时务二门，后又改时务门为算学门，再增设天文、兵法二门。在学制上，明确规定学生 5 年毕业，入学学生年龄必须在 15 岁以上、25 岁以下，入学必须经过考试筛选。经过这一系列改革，两湖书院面貌焕然一新，已事实上成为一所新式学堂。1902 年，张之洞在全省学制建设的通盘考虑下，将其更名为“两湖大学堂”，旋又改为“两湖高等学堂”，这是晚清武昌城内出现的第一所官办综合性高等学校。遗憾的是，由于合格生源和师资不足等因素，这所两湖高等学堂开办不久即告夭折了。此后，张之洞乃决定将湖北省师范学堂迁入此处校园内，并扩大规模，计划兼办初等和优等师范，将之改名为“两湖总师范学堂”。这是清末湖北最重要的一所师范学堂，其校名仍沿用了“两湖”。直至民国时期，这一带仍多被人们称为“两湖书院”。

两湖书院所在的都司湖校舍，是整个晚清时期武昌古城内规模最大、建筑最恢宏、环境最优美的一处校园。张之洞在此进行了颇为宏大的校舍建设，形成了古城中一处蔚为壮观的教育景观。张之洞的幕僚姚锡光在 1896 年参观书院后，曾在日记中对这处校园进行了详细描述。他写道：“……两湖书院，规模极阔，盖香帅来督两湖所创建。跨湖为屋，湖周一里许，湖中倚西有磴道一条，自北曲折而南。沿湖缭以回廊，诸生斋房环之。分湖南东、西斋房，湖北东、西斋房，商籍斋房，共可住肄业生二百二十人……湖之东有提调署；湖之西有大书库二；湖之南有大厅，其左为东监院署，右为西监院署；湖之北为讲堂，层楼飞阁，巍然特起……讲堂之后，为楚贤祠，祠之后，复有湖厅，左伸回廊，下瞰后湖；湖厅之右，且有别院，有厅两所，为西北角尽头处。宏

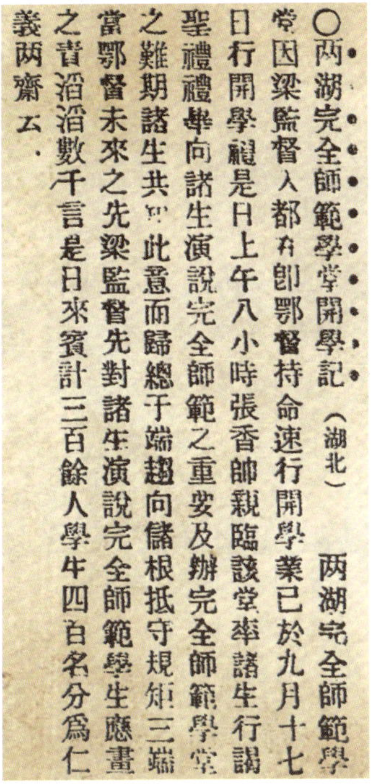

〇兩湖完全師範學堂開學記（湖北）　兩湖完全師範學堂因梁監督入都在即鄂督持命速行開學業已於九月十七日行開學禮是日上午八小時張香帥親臨該堂率諸生行謁聖禮禮畢向諸生演說完全師範之重要及辦完全師範學堂之難期諸生共知此意而歸總于端趨向儲根抵守規矩三端當鄂督未來之先梁監督先對諸生演說完全師範學生應盡之責滔滔數千言是日來賓計三百餘人學生四百名分爲仁義兩齋云

1906 年《时报》报道张之洞亲临校内参加两湖总师范学堂开学典礼的消息

规巨制，莫与伦比。诸生弦诵其中，如邹鲁焉。”[①] 借由这些文字，结合历史照片，可知当时的两湖书院环湖而建、景色优美，称得上是一座“园林式校园”。校园内坐拥一南一北两座湖塘，北边为菱湖（又称宁湖），南边为都司湖。校园中的主要校舍坐落在都司湖四周，包括书库、讲堂、斋舍等。其中都司湖北岸正中的讲堂，为一栋两层歇山顶的传统中式楼阁，建在台基之上，甚为雄伟，是整个两湖书院的核心建筑，地址大约即今武汉音乐学院编钟音乐厅处。

---

① 姚锡光:《江鄂日记》卷三（光绪二十二年四月二十八日），《姚锡光江鄂日记（外二种）》，北京：中华书局，2010 年，第 82 ~ 83 页。

两湖书院大讲堂旧影

1902年两湖书院改为两湖高等学堂后，办学规模大为缩减，原有房舍足堪使用，未有新的营造。至1904年两湖高等学堂停办，湖北省师范学堂迁入此地，并改为两湖总师范学堂，张之洞随即又对这一校园进行了较大规模的改扩建，“拨出库平银4.3万两……将斋房（平房）拆毁，建成东西两斋楼房，新建正学堂（大礼堂），将原校内楚贤祠、南北书库、教学办公房屋等均修葺一新。整个改建工程历时两年半，于1906年竣工”①。改扩建后的总师范校舍，基本延续了两湖书院时代的格局，但新建了一些楼房校舍，全堂建筑，被划分为“仁、义、礼、智、信”五斋。根据学部的调查，两湖总师范学堂的校舍包括讲堂上下8间、礼堂1间、自修室8大间（每间分为6小间）、南北书库2间、雨操场及晴操场各1座，以及其他众多附属用房。这一统计中的讲堂，仅包括

① 涂文学主编：《百年薪火，桃李芬芳：武汉城市职业学院校史（1904—2014）》，武汉：湖北人民出版社，2014年，第6页。

了仁、义两斋中的教室，而智、信两斋于张之洞离任后的1907年底开办了湖北优级师范理化专修学堂，礼斋则于1908年开办了湖北优级师范博物专修学堂。[①] 对于这一宏伟的校园，清廷学部视学官员在给予充分肯定的同时，也指出“湖北培养师范……今日之所最重者，在组织完全师范耳。两湖学堂只办初级八班、博物科二班、理化科三班。夫两湖规模博大瑰玮，仅办初级，殊嫌不称”[②]。按照清末的学制，师范教育分为初级师范和优级师范两个层次，前者是中等教育程度，培养小学堂师资；后者是高等教育程度，培养中学堂师资。张之洞最初将这一师范学堂称为“总师范”，其用意便是计划这一学堂内要包括初级和优级两个层次，但开办之初限于种种因素，只设立了初级师范，“总师范”长期名不副实。对于这一宏伟校舍之中迟迟未能实现张之洞当初兼含初级、优级两等完全科的“总师范”计划，清末的学部官员也颇感有大材小用之遗憾，而直到辛亥革命爆发，湖北省也尚未办起优级师范完全科学堂。这一清末未完成的使命，只能留待民国政府来完成了。

辛亥革命武昌起义后，清廷在鄂统治迅速瓦解，随后的阳夏战争更在武汉持续鏖战，纷飞的战火客观上给武汉的城市发展带来了灾难性的破坏，也对教育造成了巨大冲击。武昌起义爆发后，省城内各学堂立时限于停顿，部分学堂校舍更是遭到战火破坏。两湖书院地处武昌城西南部，是清末城内各主要学堂中距离湖广总督署最近的一处，因此在武昌起义的战火中，惨遭池鱼之殃，受到了严重摧残，校内“往来公文及图书表册等项焚毁殆尽”[③]。民初该地更被军队占为军营，清末“博大瑰玮”

① 《两湖总师范学堂调查总表》，《学部官报》第155期，1911年6月7日。

② 《湖北学务调查总说·（三）普通教育》，《学部官报》第155期，1911年6月7日。

③ 《湖北教育司为前两湖总师范毕业生可否照优师学校例换给证书请示由呈教育部文》，1913年3月31日，《平档：国立两湖优师》，民国教育部档案：195—233，台湾“国史馆”藏。

民国时期的原两湖总师范学堂校舍
（《湖北省立武昌高级中学同学录》，1936 年）

1966 年的武昌都司湖、宁湖一带航拍影像（U.S. Geological Survey）

的校舍黉宫，几乎消失于古城的历史之中。

不过，这处积淀深厚的学府胜地，在此后依然不断被有识之士关注，他们排除万难，希望在旧日的废墟之上恢复弦诵之声。如 20 世纪 20 年代初，留学日本、德国归国的鄂籍医学博士陈雨苍回到湖北，申请以庚款为基金，在两湖书院旧址一部分创办了湖北省立医科专门学校，后改名为湖北省立医科大学。该校是民国时期湖北高等医学教育的开端，但因存在时间较短，没有毕业生，当然也无力进行校园建设，所有房舍，不过因袭清末以来既有之建筑罢了。抗战胜利后，此地又成为战时在恩施组建的湖北省立医学院回迁武昌后的校园。20 世纪 50 年代该校改为湖北医学院后迁往东湖之滨的高家湾新校园，城中张之洞路的房舍则由湖北省人民医院继续使用。时至今日，此地仍为武汉大学人民医院及第一临床学院所在地。

武昌都司湖畔武汉大学第一临床学院今貌（摄于 2018 年 10 月）

武汉音乐学院老校区历史建筑

而都司湖北岸的校园部分，在抗战胜利后曾是国立武昌体育师范专科学校校园。1949 年 6 月，南下的中原大学接管了原武昌艺专，并与该校文艺研究室部分师生合并重组为中原大学文艺学院，校址即设于国立武昌体育师范专科学校旧址。1951 年，中原大学文艺学院独立改组为中南文艺学院，1953 年又改组为中南美术专科学校和中南音乐专科学校，两校仍在都司湖校园内办学。1958 年，中南美专主体南迁广州（今广州美术学院），中南音专则改组为湖北艺术学院，两湖书院旧址为音乐系校区。至 1985 年，音乐、美术两部分独立建院，音乐部分即武汉音乐学院，至今仍在当年两湖书院的核心区办学，延续着这一近代以来著名学府胜地的文脉。

两湖书院大讲堂（麦小朵绘）

武汉音乐学院历史建筑（麦小朵绘）

读书院：自强学堂的往事

1893年11月29日，张之洞向光绪皇帝上奏了一封奏折。这封后来被取名为《炼铁全厂告成折》的奏折，主要是为了向皇帝汇报汉阳铁厂建设工程完竣一事。在奏折之后，张之洞还附有两份“附片”：依照清代的奏折制度，一折只奏一事，如还有与之相关的他事需奏，则可在奏折之后另加附片，每片亦只奏一事，以“再”字开头。这两件附片中，有一片名为《设立自强学堂片》，其全文如下：

> 再，治术以培植人才为本，经济以通达时务为先。自同治以来，总理各国事务衙门设立同文馆，创开风气，嗣是南、北洋及闽、粤各省，递设广方言馆、格致书院、武备学堂，人材奋兴，成效昭著。湖北地处上游，南北冲要，汉口、宜昌均为通商口岸，洋务日繁，动关大局，造就人才，似不可缓。亟应及时创设学堂，先选两湖人士肄业其中，讲求时务，融贯中西，研精器数，以期教育成材，上备国家任使。臣前奏明建立两湖书院，曾有续设方言商务学堂之议。兹于湖北省城内，铁政局之旁，购地鸠工，造成学堂一所，名曰“自强学堂”。分方言、格致、算学、商务四门，每门

> 学生先以二十人为率，湖北、湖南两省士人方准与考。方言，学习泰西语言文字，为驭外之要领；格致，兼通化学、重学、电学、光学等事，为众学之入门；算学，乃制造之根源；商务，关富强之大计。每门延教习一人，分斋教授，令其由浅入深，循序渐进，不尚空谈，务求实用。所需经费，暂就外筹之款凑拨济用，俟规模渐扩，成效渐著，再行筹定专款奏明办理，以为经久至计。①

由于这所学堂是张之洞兴建汉阳铁厂的一个副产品，其筹办经费乃张之洞自行“暂就外筹之款凑拨济用”，无需向朝廷请款。此事对于光绪皇帝而言，可谓无关紧要的小事，他只是例行公事地在奏片上朱批“该衙门知道”五字罢了。根据笔者考证，这一朱批的准确时间，是光绪十九年十一月二十日，即1893年12月27日。② 从张之洞在奏片中的表述来看，在他写此片时，学堂应该已经建成开学了，但应该距离竣工开学的日期不远。在开学具体日期已不可靠的情况下，光绪帝的朱批可视为是学堂在法律上完成了清廷“备案”的手续，正式宣告成立了。

自强学堂在湖北近代新式教育的发展史上，是颇为重要的一个先驱。在此之前的经心书院、两湖书院，虽然通过逐渐改革，已事实上类似于新式学堂，但仍没有完全脱离传统书院之形式；1891—1892年开办的矿化学堂，虽然是湖北近代史上第一所明确冠以“学堂”之名的新式学堂，但规模很小，且只是昙花一现，开办几年后便停办了。1893年开办的自强学堂，则是湖北近代新式学堂发展历史上具有较大办学规

---

① 张之洞：《设立自强学堂片》，赵德馨主编、周秀鸾点校：《张之洞全集》第3册，武汉：武汉出版社，2008年，第135页。

② 刘文祥：《从清宫档案看湖北自强学堂的设立时间》，《教育史研究》2015年第3期。

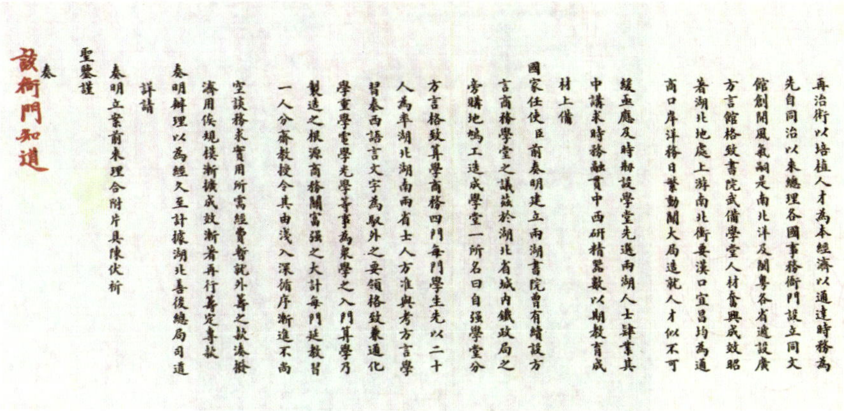
再治術以培植人才為本經濟以通達時務為
先自同治以來總理各國事務衙門設立同文
館創開風氣嗣是南北洋及閩粵各省遞設廣
方言館格致書院武備學堂人材奮興成效昭
著湖北地處上游南北衝要漢口宜昌均為通
商口岸洋務日繁動關大局造就人才似不可
緩亟應及時籌設學堂先選兩湖人士肄業其
中講求時務融貫中西研精器數以期教育成
材上備
國家任使臣前奏明建立兩湖書院曾有續設方
言商務學堂之議茲於湖北省城內鐵政局之
旁購地鳩工造成學堂一所名曰自强學堂分
方言格致算學商務四門每門學生先以二十
人為率湖北湖南兩省士人方准與考方言學
習泰西語言文字為馭外之要領格致兼通化
學重學電學光學等事為眾學之入門算學乃
製造之根源商務關富强之大計每門延教習
一人分齋教授令其由淺入深循序漸進不尚
空談務求實用所需經費暫就外籌之款湊撥
濟用俟規模漸擴成效漸著再行籌定專款
奏明辦理以為經久至計據湖北善後總局司道
詳請
奏明立案前來理合附片具陳伏祈
聖鑒謹
奏
該衙門知道

张之洞《设立自强学堂片》（原件藏中国第一历史档案馆）

模、持续稳定开展教学活动，产生了较大社会影响的第一所学堂，在近代武汉教育史上具有重要的历史意义。

张之洞创办这所学堂的缘起，与两湖书院关系密切，而学堂一开始也并不打算名叫“自强”。张之洞最初计划在两湖书院的招生计划中，单列 40 名商籍学额，随后他在 1891 年决定将之单列为“方言商务学堂”，即“专习各国语言文字，及讲求商务应如何浚利源，塞漏卮，畅销土货，阜民利用之术”。[①] 但此后，他的想法发生了多次变化，不仅计划增列算学、格致二门，学堂的名称也一再变更，从方言商务学堂到“博学堂”，再到“自强书院”，最后才定名为自强学堂。这些反复的变更，一方面体现出张之洞本人的行事风格，但另一方面也足见他对此事甚为上心，也对这所新的学堂寄予厚望。

---

① 张之洞：《札江汉关道饬知设方言商务学堂》，赵德馨主编、吴剑杰点校：《张之洞全集》第 5 册，武汉：武汉出版社，2008 年，第 253 页。

自强学堂首任总办蔡锡勇

然而当时湖北的实际情况是，新式教育起步较晚，不仅师资严重缺乏，合格生源不足也成问题。其结果是自强学堂开设后，四斋中仅有方言一斋按日上课，其余三斋则只是按月考课而已，与旧式书院的情况几无差别。面对这种情况，张之洞在大感失望之余，也决心对其加以改革整顿。1896 年，他结束署理两江总督之任回到武昌后，便委派其自南京带来武昌的幕僚姚锡光对学堂加以整改。这次整改的具体情况，在姚锡光的日记中有详细而生动的记载，其过程与早前学堂的创办历程如出一辙，也同样是经过了多次的反复，一波三折。对于这所学堂究竟是何种定位，要向何处去，张氏一开始似乎也没有完全拿定主意。他一方面不得不面对学堂仅外语学科的教学正常开展的现实，另一方面又似乎

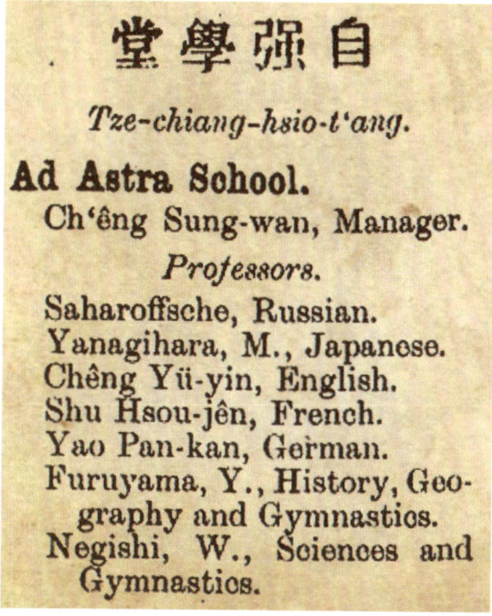

堂學强自

Tze-chiang-hsio-t'ang.

Ad Astra School.

Ch'êng Sung-wan, Manager.

Professors.

Saharoffsche, Russian.
Yanagihara, M., Japanese.
Chêng Yü-yin, English.
Shu Hsou-jên, French.
Yao Pan-kan, German.
Furuyama, Y., History, Geography and Gymnastics.
Negishi, W., Sciences and Gymnastics.

清末北华捷报馆《行名录》中的“自强学堂”条目，记载了学堂提调程颂万及部分教师的姓名

仍不愿放弃将这所学堂办成多学科综合性专业和技术学校、培养各种技术人才的寄望，因而反复多次要求姚锡光修改学堂章程。然而经过数月的反复，张之洞最终还是选择了面对现实，将早前计划的所有各类自然科学之“门”的计划一律作罢，而把自强学堂改为专门教授外语的学堂。此时的自强学堂，分为英文、法文、俄文、德文四门，又设立了译书处，不久之后在留日兴起的背景下，张之洞又在其中增设了东文门。这样一来，自强学堂的“方言”课程已经成为了教学量远远多于其他课程的主干教学内容，学堂也已事实上成为一所外国语专门学校。[①] 到了 1902 年，张之洞则干脆将之改名为实至名归的“方言学堂”，重新进行招生。

① 张之洞：《自强学堂改课五国方言折》，赵德馨主编、周秀鸾点校：《张之洞全集》第 3 册，武汉：武汉出版社，2008 年，第 479 ~ 480 页。

自强学堂末任提调程颂万

自强学堂的位置，在武昌大朝街口三佛阁，毗邻铁政局之侧。大朝街即今武昌复兴路，三佛阁和铁政局在今武昌读书院街西侧路口。在今读书院街和复兴路教会的丁字路口处，就是当年的自强学堂校址。这处校园呈南北狭长形，西面紧邻铁政局，东面是张之洞开办的银元局和铜元局，北侧则是今彭刘杨路，四面基本没有发展空间。一开始，学堂规模尚小时还能接受，但很快就显得不敷使用了。姚锡光在受命改革学堂时，就有扩充校舍之想法，他曾在日记中写道："自强学堂创建之始，本书院规模，非学堂规模，讲堂迫隘，不足容生徒……须迅禀制府，以便筹画，不然生徒已招，而无讲堂可容，将成笑柄。"[①] 但经过考察后，他发现其校址周边实在无地扩展，也就只得不了了之了。

---

① 姚锡光:《江鄂日记》卷三(光绪二十二年四月二十八日),《姚锡光江鄂日记(外二种)》,北京：中华书局，2010 年，第 114 页。

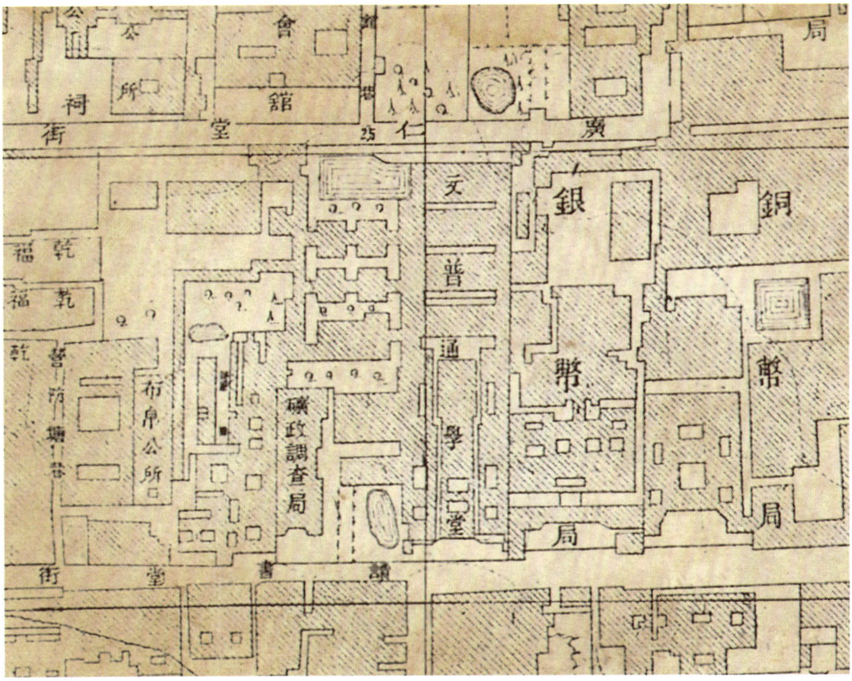

1909 年《湖北省城内外详图》中的武昌文普通中学堂

1902 年，张之洞将城内的农务学堂搬往城外武胜门北宝积庵另建新校址，城内东厂口的院校舍便被决定拨给方言学堂。方言学堂搬走后，位于读书院街的这处旧校舍，终于被降格以求，用来举办中学堂，紧接着在这里办学的，便是清末的文普通中学堂。所谓“普通”，是张之洞规划的新学制中对中学教育的称谓，其中又分文普通学和武普通学，即文武两方面的中等教育。1903 年，张之洞率先在省城武昌创办了一所文普通中学堂，定学额 240 名，暂以两湖、经心、江汉三书院旧班学生的一部分归入，将来则以高等小学堂毕业生升入。文普通中学开学之初，有学生 100 人、教职员 30 余人，毕业校友中，有宋教仁、董必武、石瑛、黄侃等日后政界、学界的知名人物。[1]

辛亥革命武昌起义后，武汉教育普遍受到战争冲击，各学堂陷入停顿。至 1912 年 10 月，湖北教育司司长姚晋圻委派原两湖总师范学堂教务长郭肇明负责重建师范，在原校师资基础上组建湖北省立第一师范学校。由于原两湖总师范学堂校舍被军阀王占元占据不还，省立一师乃择定原文普通中学堂校舍，也就是自强学堂的旧址为校址，于 1913 年开学。此后，该校在此处办学历时 10 年，至 1923 年迁回都司湖原址。[2]而读书院街的老校舍，最后作为校舍的使用者，是武汉市第三十一中学。如今，昔日的校舍早已不复存在，学堂旧址处已几乎看不出往日的痕迹。唯有“读书院”这一地名，似乎还在讲述着这条小路上昔日的弦歌往事。

---

① 李珠、皮明庥主编：《武汉教育史》，武汉：武汉出版社，1999 年，第 201 页。

② 涂文学主编：《百年薪火，桃李芬芳：武汉城市职业学院校史（1904—2014）》，武汉：湖北人民出版社，2014 年，第 36 页。

东厂口：镜湖枕麓建国学

东厂口，对今天的武汉人而言是一个已颇有些陌生的老地名，因为它早已消失在城市发展建设的历史进程中了。不过在今天的阅马场西侧、湖北剧院以北，仍存有一个与之“对称”的地名——西厂口。今天武昌的阅马场，在清代旧名“阅马厂”，是城内练兵演武的校场。这一东一西两个“口”，即是进入阅马厂的东西两个入口。当年的东厂口，即今首义广场以东、首义路口以西的武珞路一段附近地区。作为湖广两省的中心城市，清代武昌城内各省会馆林立，在东厂口便有一座四川会馆，其一旁紧邻的还有一座纪念湘军霆军阵亡将士的“霆军昭忠祠”。显然，这一馆一祠两组建筑群，原本都不是教育场域。

晚清张之洞在鄂兴学的最初阶段，其所办学堂之校舍大都因陋就简，有的利用既有房舍改建，有的虽为新建，但在建筑规模和形式上都不甚突出。这些学堂在此后的办学过程中，校址也常常发生迁移。东厂口的四川会馆和霆军昭忠祠，在 1898 年时便被张之洞一并用作了湖北农务学堂校舍。①

---

① 张之洞：《札北藩司等改四川会馆、昭忠祠为农务学堂并拨款移建馆、祠》，赵德馨主编、吴剑杰点校：《张之洞全集》第 6 册，第 183 页。

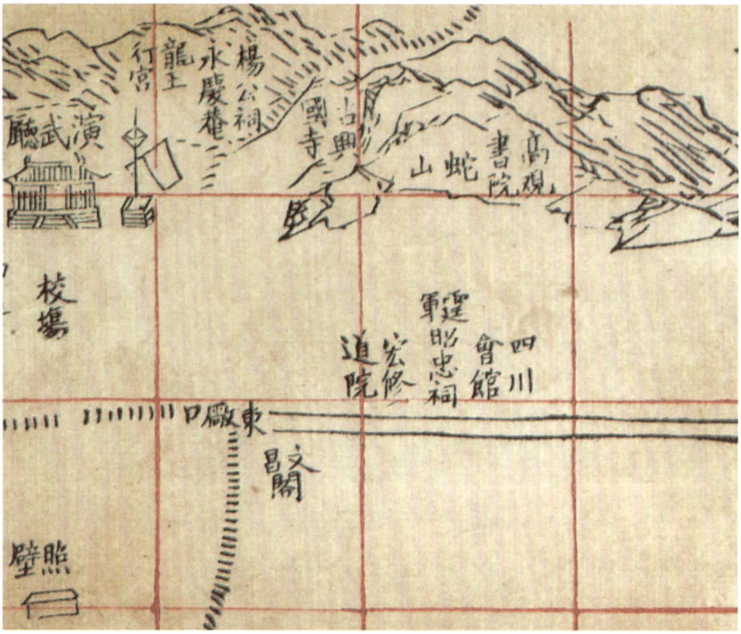

晚清《武汉城镇合图》中的东厂口四川会馆和霆军昭忠祠

民国初年的武昌高师校门，为清末农务学堂时期的建筑

（《国立武昌高等师范庚申级同学录》，1920 年）

1893 年兴建的自强学堂，校舍位于武昌大朝街口，占地面积狭小，房屋甚不合用。1902 年张之洞将自强学堂改名方言学堂，次年即将之迁到了三道街存古学堂的旧址。1904 年，张之洞又“谕以旧农务局改建，增造洋式房屋两栋，即今所也”①。几经辗转，这座学堂最终迁入了武昌东厂口的原农务学堂校舍，而农务学堂则移往武胜门外宝积庵另行建造。

正如前文提到的，自强学堂在正式改名之前，已经撤去了商务、格致、算学三门，改为英文、法文、俄文、德文、东文五门，事实上已是一所“方言学堂”了，1902 年的改名，可谓实至名归。改名之后，方言学堂的招生规模进一步扩大，每年招收 150 名学生。学堂的日常教学，课时最多的是语言课程，但也会有相当时间学习其他人文、社会、自然科学的科目。从现存部分方言学堂时期考试试题中，可以看出这所学堂对于培养学生关心时务的侧重，如“问学堂之设与书院不同，试晰言其故”，“问意人索我三门湾，近又欲索我唐山，议者多主战，然否？”② 等等。不过总体而言，方言学堂的教学层次，事实上始终没有达到其预设的高等学堂程度，在清末学部和民国教育部的几次认定中，均认为其仅为中学堂程度，这与其后期的主事者懈怠无能，以及学堂缺乏合格生源、与学制不甚融合等有关系。至 1911 年春，在湖北严重财政困局下，湖广总督和湖北提学使最终将方言学堂停办了。

方言学堂搬迁来东厂口后，校园环境较之此前的自强学堂得到了

---

① （清）佚名：《湖北方言学堂一览》，出版年不详，中国国家图书馆藏本，原书无页码。

② 苏云峰：《张之洞与湖北教育改革》，台北：“中央研究院”近代史研究所，1983 年，第 102 页。

湖北方言學堂

Hu-peh-fang-yen-hsüeh-t'ang.

Hupeh Academy of Languages.

Hsing Ling, Expect. Taotai, Director.

Glatzer, K. Prof.
Hartschewsky, W. Prof.
Nakano, T Prof.
Rottach, E. Prof.
Schneider, A. Prof.

1908 年北华捷报馆《行名录》中的湖北方言学堂条目，其下列有学堂负责人馨龄、德语教授格拉塞等主要教师的姓名

一定改善。这处校舍位于蛇山南麓的缓坡之上，地势较高，门前濒临长湖，视野开阔，周边尚较为空旷，为将来可能的扩建留有余地。根据清末学部视学官员的调查报告，当时校园中的全部校舍，包括“讲堂十三间，体操场一间，自修室一间，学生憩息室三间，寝室四十间，会食堂一间，盥漱室一间，浴室一间，储藏室一间，学生应接所一间，理化器械室一间，操装室一间，监督室二间，教员室十间，教员憩息室一间，客厅一间，厨室二间，司事、仆役室二十间”[①]。当然，这一校园仍然是不太如人意的，但在清末财政困难的局面下，方言学堂相较于同时期城内的一些其他学堂，又称得上是条件稍好的了。

① 《湖北方言学堂调查总表》，《学部官报》第 158 期，1911 年 7 月 6 日。

就在方言学堂停办后数月，武昌起义爆发，清朝统治覆灭。武昌城内的众多学堂陷于停顿，一些校园被战火直接摧毁，一些尚未被毁的，则在此后被军事机关占据。方言学堂东厂口校舍，在民初便被占为军舍，随后湖北都督黎元洪利用这处校舍，兴办了武昌军官学校。至民国二年（1913），军官学校迁出校舍，此处重新成为弦诵之地，一所近代武汉高等教育史上具有重要地位的新学府——国立武昌高等师范学校在此诞生了。

国立武昌高等师范学校是民初民国政府在全国创办的六大高师之一，在武汉乃至全国近代高等教育史上都有着重要地位。民国初年，政府将清末的优级师范学堂改称高等师范学校，且不再是每省都办，而是将全国划分为六大师范学区，每区设立一所，武昌高师即是华中地区唯一的一所国立高等师范。武昌高师于 1913 年开学，至 1914 年 9 月正式开办本科，并分为英语、历史地理、数学物理和博物四部。后来经过调整，又改为国文史地部、英语部、数学理化部和博物地学部。1923 年，学校升格改名为武昌师范大学，在时任校长张继煦的领导下，实行了一系列改革，如招收女生、实行学分制等，学校有了新的发展。1925 年，武昌师范大学又改名为“国立武昌大学”，由师范大学向综合性大学转变。不过此后不久，由于北伐战事，学校被迫限于停办。

武昌高等师范学校是近代湖北省第一所国立高等学校，在湖北近代大学史上具有重要地位。武昌高师于 1913 年 11 月 2 日举行开学典礼，时任副总统黎元洪派代表雷豫钊前来参加，并宣读了训词，对这所新学校重振武汉教育、启发民智、改良社会寄予厚望。[1] 在此后的办学历程

---

① 《武昌高等师范开学志盛》，《教育周报》第 27 期，1913 年 12 月。

北洋政府教育总长傅增湘1918年11月为武昌高师五周年校庆题匾“敦励风尚”
（《国立武昌高等师范学校同学录No.6》，1923年）

中，武昌高师取得了突出的成就，是整个北洋时代武汉官办高等教育中的旗帜。武昌高师建立了各种学术团体、创办了一系列学术刊物，注重课堂教学和课外实习相结合，并在近代日本教育理念的影响下，注重学生的德智体全面发展，广泛开展体育运动和修学旅行等颇具特色的教学项目。学校还在1917年租借东院民房开办了图书馆，成为武汉大学图书馆的最早前身。从武昌高师到武昌大学的十余年的办学历程中，该校涌现出许多杰出校友，在各行各业为国家发展做出了突出贡献。在校任职任教的师长中，包括张渲、张继煦、张珽、竺可桢、石瑛等著名教育人士；毕业校友中则包括数学家曾昭安、中共一大代表陈潭秋、社会活动家章伯钧、历史地理学者程发轫、“中研院”近史所研究员胡秋原等知名人物。

1919年时，武昌高师举行了五周年校庆，并确立了一系列校园文化标识系统，包括校徽、校旗、校训、校歌等。该校校徽十分形象，中

1918 年武昌高师博物部学生赴庐山修学旅行合影
（《国立武昌高等师范学校庚申级同学录》，1920 年）

为古书“鬻”字，其下为一只白熊，以楚国先祖鬻熊来借喻武昌高师建在荆楚大地之上。校徽上还有黄牛皮、象牙、羽毛等图案，其中牛皮象征坚韧不拔，象牙象征高洁神圣，羽毛则象征前程远大、飞黄腾达。校旗则是将校徽图案放置在一面蓝底旗帜中，寓意该校学子将来“青出于蓝而胜于蓝”。校训为“朴、诚、勇”三字，校歌则以美国民谣《安妮·莱尔》为曲，另作中英双语歌词填配。其中文歌词如下：

乾坤清旷，师儒道光，国学建武昌。
镜湖枕麓，屏城襟江，灵秀萃诸方。
东西南朔，多士跄跄，教学益相彰。
朴诚有勇，陶铸一堂，学盛国斯强。

武昌高师校歌曲谱

（《国立武昌高等师范学校同学录 No.6》，1923 年）

武昌高师校旗，中央为该校校徽

（《国立武昌高等师范学校同学录 No.6》，1923 年）

1913 年武昌高师筹备之时，教育部委派普通教育司司长袁希涛来武昌负责筹划相关事宜。关于考察选址的过程，《申报》曾有报道：

> 武汉居全国中心，交通便利，较胜燕京。近中央教育部拟就武昌开办国立高等师范学校，以便各省学子负笈求学。业经范总长派普通司长袁希涛来鄂视察，与民政长、教育司等接洽。因开办在即，且为节省经费计，拟就现成学校为校舍。前袁司长已与鄂教育司长时象晋面商，指定两湖师范学堂、前文普通学堂、前方言学堂三处校舍，请拨借一处，时

> 当允其于文普通、方言两校择一拨用。兹袁已回京，具报视察商办情形。昨民政公署接教育部电，以国立高等师范已决定于暑假期内开办，急需暂用现有之校舍。惟两湖学校现正修理，作为鄂省自办师范，且已办有附属小学，自无庸改让。据时教育司向袁司长称，文普通及方言两校，如需暂用，可择其一等语。闻鄂军府所设军官学校，现有迁出方言校舍之说。倘能暂用方言学校，地较清静，以施师范教育，视文普通为开展。即希酌定赐覆云云。闻民政长当商都督，允其借用方言校舍矣。[①]

从这一报道可知，经过实地考察后，袁希涛与湖北地方当局最初商议，拟在原两湖总师范学堂校舍、原方言学堂校舍（时为武昌军官学校）和原文普通学堂校舍（即原自强学堂旧址）三处房舍中，拨划一处作为武昌高师的校址。这其中，两湖总师范旧址面积最大、基础最好，且原本就是师范校园，即便其在辛亥革命中遭战火波及而受损，也依然是民初开办国立高师时的校址选择方案之一。只是在此前的1912年10月，“教育司长姚晋圻委郭肇明就两湖总师范学堂筹办第一师范学校”[②]，即计划在这一校园内，以清末原有的两湖总师范学堂为基础创办湖北省立的中等师范学校，也就是这一报道中所称的“鄂省自办师范”，因而当时湖北教育司司长时象晋便只“允其于文普通、方言两校择一拨用”。教育部经过考虑后，认为方言学堂旧址“地较清净”，比文普通学堂的面积更为“开展”，便决定以此作为武昌高师的开办校址了。1913年8

① 《方言校舍改设国立师范》，《申报》1913年6月29日第7版。

② 《沿革志略》，《湖北省立第一师范学校校友会杂志》，1920年4月，转引自涂文学主编《百年薪火，桃李芬芳：武汉城市职业学院校史（1904—2014）》，第36页。

1918 年武昌高师校园全景画

（《国立武昌高等师范学校庚申级同学录》，1920 年）

月，武昌高师“奉湖北都督批饬拨定武昌军官学校（即旧方言学堂）为本校校址”[①]。此后学校陆续开始在校园内拆除部分老旧平房校舍，兴建了几栋二至三层高的西式楼房，但总体格局没有大的变化。

20 世纪 20 年代，国内多省都曾掀起一股将省内各高等专门学校合并后组建综合性大学的浪潮。作为国立高等学校的武昌高师，在这一时代背景中也经历了升格、改制的过程。1923 年，该校由高等专科学校升格为大学，改名“国立武昌师范大学”，至 1925 年，又改名“国立武昌大学”，显然是计划要从单纯的高等师范教育向综合性大学转变。在即将升格为师范大学的 1923 年夏天，校方将位于方言学堂街的旧大门拆除，改建为一座带罗马柱门廊的西式门楼。这座一层的门楼既是学校的新校门，又是一座小型的教学楼，更是北洋政府时期东厂口校园兴

① 《本校大事记》，《国立武昌高等师范学校己未同学录》，1919 年。

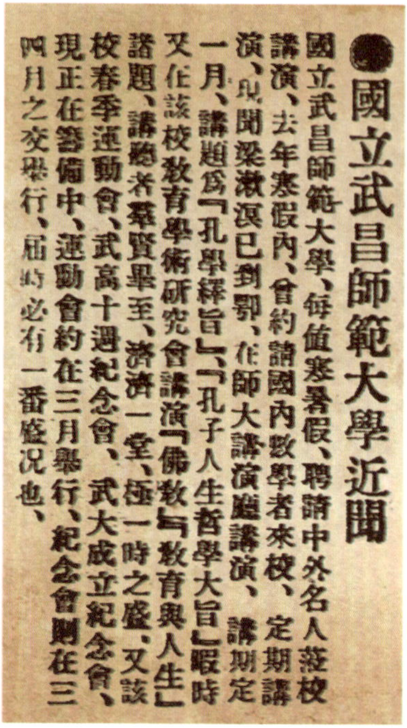
國立武昌師範大學近聞

國立武昌師範大學、每值寒暑假、聘請中外名人蒞校講演、去年寒假內、曾約請國內數學者來校、定期講演、現聞梁漱溟已到鄂、在師大講演廳講演、講期定一月、講題爲「孔學釋旨」、「孔子人生哲學大旨」暇時又在該校教育學術研究會講演「佛教與教育與人生」諸題、講聽者羣賢畢至、濟濟一堂、極一時之盛、又該校春季運動會、武高十週紀念會、武大成立紀念會、現正在籌備中、運動會約在三月舉行、紀念會則在三四月之交舉行、屆時必有一番盛況也、

1924 年上海《新闻报》报道国立武昌师范大学学术活动和校园活动的消息

建的最后一座新建筑。在国立武昌师范大学和国立武昌大学时代，由于经费困难、校政更迭频繁，校园建设毫无进展。虽然在石瑛长校之初，曾踌躇满志地提出过一个宏伟的大学建设计划，打算扩充武昌大学，添设农工科，并计划募款建设农、工二科的讲堂及实验室、图书馆、学生宿舍、教职员宿舍等新建筑，还成立了建筑委员会准备开展其事。[1] 但因学潮和战事等原因，最终不了了之。

显然，自张之洞兴学以来，武昌在中国近代新式高等教育的早期发

① 《武昌大学募款添设农工科》，《新闻报》1925 年 5 月 25 日第 12 版。

展历程中可谓先行者。然而此后由于种种原因，当全国其他城市纷纷后来居上时，清末民初的武昌在高等教育领域反而显得相对落后了。从张之洞当年改组两湖书院，试图创办“两湖大学堂”，到民国初年黎元洪等人努力筹划多年的“武汉大学”“江汉大学”，以及多年来地方教育当局整合各省立专科学校的尝试、武昌高师改制为“国立武昌大学”等，都共同围绕着要在武汉创办一所综合性大学的愿望。然而，在清末财政危机和民初北洋军阀混战的动荡时局中，此教育宏图始终只能是镜花水月。

1926 年底国民政府迁都武汉后，在大革命的激流中，这一教育领域的夙愿曾一度有了新机遇。当时的武汉国民政府曾将国立武昌大学与武昌商科大学，湖北省立文科大学、法科大学、医科大学等校悉数合并，组成“国立武昌中山大学”，仍以东厂口的原武昌大学校园为主要校舍。① 当时曾有报道称：“武昌绾全国中枢，当交通总汇，国民政府已决建都之地，武昌之为将来文化中枢，已无疑问……即将武大改为中央中山大学……在北京、南京、上海、广州、欧美等地选聘专门学者，担任职员教授，志在成立中央最高学府，培植中国一般建设大才。该大学于中国前途之关系，当甚巨也。”② 然而 1927 年 12 月，在大革命失败后肃杀的气氛中，刚刚成立不久的国立武昌中山大学，被盘踞武汉的国民党桂系当局出动军警强行解散，这所在革命浪潮中仓促成立的综合性大学，尚未走上正轨即告夭折。

不过，伴随着南京国民政府完成北伐，结束了十几年的军阀割据，实现了全国统一，武汉高等教育的发展在 1928 年也终于迎来了新的曙

---

① 王宗华主编：《中国现代史辞典》，郑州：河南人民出版社，1991 年，第 489 页。

② 《力谋扩充之武昌大学》，《厦大周刊》第 169 期第 6 版，1926 年 12 月 25 日。

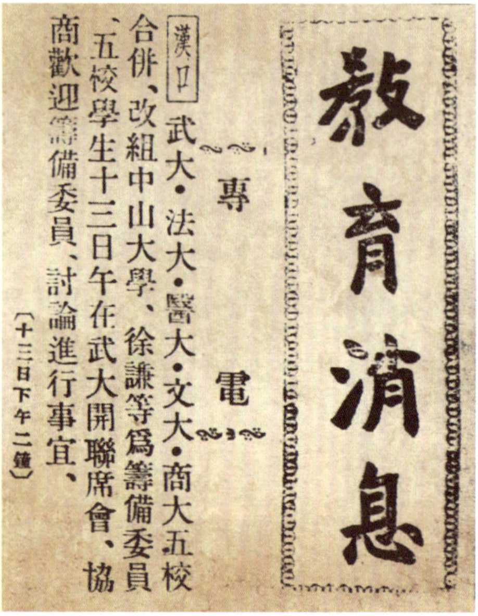

教育消息

專電

【漢口】武大・法大・醫大・文大・商大五校合併、改組中山大學、徐謙等爲籌備委員、五校學生十三日午在武大開聯席會、協商歡迎籌備委員、討論進行事宜、（十三日下午二鐘）

1926 年 12 月《申报》报道国立武昌中山大学筹备事宜

光。1927 年 10 月 1 日，南京国民政府成立了“中华民国大学院”，统领全国教育事务。大学院院长蔡元培高度重视武汉地区高等教育的发展，早在民国初年他就有在武汉创办一所国立综合性大学的构想。国立武昌中山大学被桂系当局非法解散后，武汉高等教育一时陷入真空，于是蔡元培命湖北省教育厅迅速着手武昌中山大学的改组重建事宜。在蔡元培的亲自介入下，新大学被定名为“国立武汉大学”，并成立筹备委员会，以时任湖北教育厅长刘树杞为主任委员，委员包括王星拱、李四光、周鲠生、任凯南、曾昭安、黄建中、麦焕章、涂允檀等人。其中的王星拱、李四光、周鲠生，以及武大初创之时的王世杰、皮宗石、陈源、燕树棠等核心教职员，都曾是蔡元培在任北京大学校长期间的老同事。经过数月的紧张筹备，国立武汉大学于 1928 年 10 月 31 日在武昌

国立武汉大学建校之初的东厂口校舍校门
[《国立武汉大学一览（中华民国十八年度）》，1930 年]

东厂口校舍正式开学上课，这一天也成为民国时期国立武汉大学的校庆日。

国立武汉大学的诞生，彻底改变了晚清以来武汉高等教育发展长期相对落后的局面，使武汉一跃成为享誉全国的“大学之城”。而历尽沧桑的东厂口校园，此时也显得难堪大用。在建校之初，校方就选定了城郊东湖珞珈山一带建设新校园，并于 1932 年春搬入珞珈山，由此开启了这所大学的珞珈时代。

国立武汉大学迁入新校园后，武昌城内东厂口的老校舍仍然是学校的校产。早在 1932 年初的一次校务会议上，学校便做出决议：“本校东厂口校舍应永远保存，为将来创设医科（办实习医院）以及办大

联合国善后救济总署（UNRRA）标志

学推广部（University Extension）之用。”[①] 抗战前，由于医学院尚未开办，国立武汉大学曾将东厂口老校舍租给省立第二女中作为该校校园。抗战胜利后的 1946 年底，在国立武汉大学复员武昌后不久，学校即在联合国善后救济总署（United Nations Relief and Rehabilitation Administration，中文简称“联总”）和国民政府行政院善后救济总署（简称“行总”）的帮助下，于城内东厂口老校舍兴办了医学院和附属医院。[②]“联总”对此资助了全套军用医疗设备和病床 250 张。此外，国民政府行政院处理美国救济物资委员会还向武大拨款国币 450 亿元，协助医院房屋建筑的修葺改造工程。

① 《第一百四十七次校务会议记录》，1932 年 1 月 15 日，《国立武汉大学校务会议记录》第 3 册，国立武汉大学档案：6-L7-1932-052，武汉大学档案馆藏。

② 《武汉大学增医学院》，《恩光新医学杂志》第 1 卷第 5 期，1946 年 12 月。

1947年的国立武汉大学医学院附属医院门诊楼（武汉大学档案馆藏）

国立武汉大学医学院及附属医院的大部分房舍建筑，乃利用东厂口校园旧有校舍加以改造。虽然建筑条件稍显简陋，但设备较为完备，是当时武昌城内最为现代化的医院之一。医学院的设立，不仅意味着国立武汉大学终于实现了校门牌坊北面所刻“文、法、理、工、农、医”六字的办学目标，也是武汉近代医学高等教育史上具有里程碑意义的事件。这一新创办的医学院，在20世纪50年代的院系调整中，与自上海迁汉的原国立同济大学医学院合并，组建了中南同济医学院，即今华中科技大学同济医学院。附属医院则在1950年经中南军政委员会卫生部研究决定，与原由英国基督教会创办的汉口协和医院合并，命名为“汉口协和医院（武汉大学同济医学院教学医院）”，即今武汉协和医院。与汉口协和医院合并后，武汉大学医院于1950年7月15日停止门诊，

1966 的东厂口校园全景航拍（U.S. Geological Survey）

10 月开始陆续迁入汉口协和医院。[①] 虽然武汉大学医学院和附属医院最终未能继续独立发展，但这段短暂的历史，无疑也使得东厂口校园这块自晚清以来先后兴办了众多学堂、学校的黉门之地，在武汉近代高等教育发展史上增添了又一重厚重。

武汉大学医学院和附属医院迁走后，东厂口校园于 1959 年再次迎来了新的主人——湖北中医学院。该校在此办学 20 年，1979 年与湖北教育学院互换校址，迁入了昙华林原华中大学旧址，而湖北教育学院则

① 参见同济医科大学附属协和医院编《协和医院志》，内部出版，1986 年，第 36 页。

湖北中医学院办学时期的东厂口校园大门
［胡永年主编：《湖北中医学院校史（1958—2008）》，内部出版，2008 年］

搬来此处。[1] 直至 2008 年，因蛇山“显山透绿”工程建设，湖北教育学院校园拆迁，全部建筑被拆除。如今已变为黄鹤楼公园东门广场和停车场的这里，早已看不出当年东厂口老校园的踪影了。

① 胡永年主编：《湖北中医学院校史（1958—2008）》，内部出版，2008 年，第 69 页；本书编写组：《湖北教育学院校史（1931—1996）》，内部出版，1996 年，第 57 页。

国立武汉大学早期校门（麦小朵绘）

附：

忆民十四暑期学术讲演会（节选）

高启圭

母校由国立武昌高等师范学校（民十二年以前）而国立武昌师范大学（十四年以前），就养成了读书研究的风气。不仅老师宿儒、望重当时的名学者讲学本校，即同学中亦人才辈出，执教全国中等以上各校，声誉卓著。同学们平时在校，埋首研究：教室、自习室、图书馆、实验室、各学会、校园、操场、山坡、树下各处，有个人钻研，有对话辩证，有集体讨论，有阅读报告。真是弦歌之声，到处可闻。当时各中等学校以能聘到武高毕业同学任教为荣，有的在三年级就有中等学校函聘预约，并寄旅费；母校毕业同学没有一个失业的。

每年的寒暑假，由学校举办的学术讲演会，或由同学组织的补习班，也吸收许多青年学子，造就不少人材。作者十二年秋季入校，是年寒假“消寒会”，校长张继煦先生（号春霆）请康有为讲“大同”，梁启超讲“先秦政治思想史”。十三年暑假会同各大学举办学术讲演会（会场在粮道街中华大学），请朴学大师章炳麟先生（号太炎）讲“国学概论”。章讲话是余杭土音，由母校中国文学系主任黄季刚（名侃、章之高足）师即席翻译成国语。每次讲演，中华大学校长陈时先生（号叔澄）总是长衫马褂坐前排，恭恭敬敬的听讲。

最多采多姿，有声有色的学术讲演会，还算是十四年暑假举办的。是年三月二十日国父逝世北平后，举国上下益感国民革命，尤其是北伐统一之重要。青年们更希望党的先进领导；果然郭泰祺先生（号复初）接长商科大学。张知本先生接长法政大学。三公均党国元勋，主持三所大学，负有建党革命重任。武昌虽在北洋军阀统治之下，但党务活动，似由私密的半公开。石瑛先生（号蘅青）接长母校，改师大为国立武昌大学。

石校长接长母校后的第一个暑假，就敦聘名学人吴敬恒（号稚晖，来台后去世）、胡适（号适之，来台后去世）、周览（号鲠生，胜利后任母校武汉大学校长）及马寅初（据闻大陆“沦陷”后附“匪”去世）四先生来校主讲下列四个题目：

1. 上下古今谈（吴）。

2. 诗经“言”字之研究（胡）。

3. 国际现势（周）。

4. 国际经济问题（马）。

每题八小时，分四节讲完，计两周，每周二、三、四、五上午举行。听讲人自由参加，除武大留校员生为主体外，商大、法大、医科大学、文科大学及文华大学（后改为华中大学，教会办）均有员生参加。

会场在山顶风雨操场。以母校老校址在东场口方言街，依蛇山南面建筑，由大门至会场，前数进尚平坦，寝室后即拾级而上，约数百步，需十余分钟始可达。北面校墙外，即蛇山最高峰大观山，左首为农林试验场及抱冰堂，右首沿山西行，经大炮台，达黄鹤楼。后改蛇山公园，包括上述诸名胜。南面即长湖，盛产莲藕，亭亭荷叶，朵朵荷花。湖旁建烈士祠纪念彭、刘、杨三烈士，湖上有紫阳桥东西交通要道。登山远眺，东为洪山宝通寺，古塔矗立。隔江西望，长江汉水波涛滚滚，汉口、汉阳与武昌鼎立对峙：汉口洋场十里，九省通衢；汉阳龙山高耸，工业重地；武昌则为学校集中地，文化重镇。当时母校环境虽不及武汉大学珞珈山之宏伟壮丽，但湖光山色，亦相映成趣。

听讲后，在附近小馆午餐，宾客游上述各名胜。加以主讲人均当代权威学人，故慕名自动参加听讲者场场客满，有时场外及围墙上均站满坐满。孰谓武汉为“文化沙漠”？

（《学府纪闻·国立武汉大学》，1981 年）

昙华林：百年文华从兹始

除了官办学堂以外，晚清时期来到武昌的外国教会，也开始在这座古城中创办起新式教育，其中尤以美国基督教圣公会（The Episcopal Church）最为引人瞩目。19 世纪 60 年代中期，随着太平天国运动的平定及汉口的通商开埠，长江中游地区开始成为外国教会关注的新方向。1868 年，美国圣公会驻华首位主教文惠廉（William Jones Boone）的次子小文惠廉（William Jones Boone Jr.），在中国牧师颜永京的陪同下来到了武昌，买下了城东北昙华林一带的一块土地，并盖起了一座小教堂。颜永京牧师随后在武昌积极筹备，于 1871 年秋在昙华林正式建成了一座小型的教会学校。为了纪念老文惠廉主教，该校取名“The Boone Memorial School”（文惠廉纪念学校），中文名为“文华书院”。

文华书院初创规模很小，只有一名教师，第一年只招收到十数名男童学生。至 1887 年贝鼎三（Disney C. Partridge）继任校长后，学校才有了新的发展。贝鼎三对文华书院进行了诸多改革，学生人数不断增加，校舍规模也有所扩充。他还增设了授课课程，将学生按不同程度进行分班教学。这一时期，文华书院学制改为 6 年，每年两学期，课程中引入了英语、外国历史、地理、数学等课程，并开始进行体操、游泳等近代体育教育。可以说，贝鼎三治校时期是文华书院开始真正走上西式

文惠廉主教（William Jones Boone）

翟雅各（James Jackson）
（《大同报》第 20 卷第 11 期，1914 年 3 月）

美国圣公会在武昌创办的第一座教堂——位于文华书院校园内的圣诞堂

现代教育轨道的重要阶段。

“庚子之乱”后的1901年，翟雅各（James Jackson）开始执掌文华书院，开启了这所学校发展的新篇章。正是在他掌校期间，这所教会学校开始了高等教育的办学历程。1903年，文华书院成立了大学部，随后又将全校分为“备馆”（即中学部，学制6年）和“正馆”（即大学部，学制3年，为大专程度），正馆分设神学院、文学院、理学院和医学院。1909年，文华大学部在美国哥伦比亚特区注册，定名为“文华大学校”，由此正式开启了大学本科教育，学制也升格为4年。1911年初，文华

文华大学男生宿舍“思殷堂”

大学举行了首次学位论文答辩和学士学位授予仪式。被授予文学学士学位的首届本科毕业生中，就有后来成为华中大学校长(今华中师范大学)的韦卓民。[①]武昌辛亥革命时，文华大学一度停办，1912年起恢复办学，此后规模不断扩大，至1921年该校已拥有数十名教职员、80多名大学生、300多名中学生。

从文华书院到文华大学，这所位于武昌古城内的教会学校，对武汉近代新式教育的发展产生了十分重要的影响。它不仅最早拉开了武昌新式教育发展历史的序幕，也是武昌城内第一所真正达到高等程度并培养出合格毕业生的学校，是当之无愧的武汉历史上的第一所新式大学。它所推行的新式教育模式和教学内容，对同时期张之洞在武昌的教育改革

① 马敏、汪文汉主编：《百年校史（1903—2003）》，武汉：华中师范大学出版社，2003年，第15页。

文华大学女生宿舍“颜母室”

也产生了重要的促进和引领作用。此外，这所学校在新思想的启蒙方面，对武昌古城乃至整个中国历史进程所产生的影响，更是不言而喻。文华书院及其兴办者美国圣公会，在清末武昌革命思想的萌发、革命组织的发展乃至辛亥革命的爆发等方面，都发挥了极其重要的作用。这所教会学校对近代武昌城市发展历史所产生的深层次影响，已远远超出了学校本身的范畴。

随着欧美各国教会在汉教育事业的发展，各教会之间有了通过联合办学来组建教会大学的意愿。事实上，这一想法早在清末即已提出：在英国国教 1908 年召开的第五届“兰贝斯会议”（Lambeth Conference）上，英国牧师威廉·塞西尔勋爵（Load William Cecil）对教会在中国的办学计划产生了浓厚的兴趣，此后他便极力推动在华中地区的武汉，联合英美各差会共同创办一所大学。据 1910 年《北华捷报》的报道，这所筹备中的教会大学，计划定名为“Wu-Han

University”（武汉大学），由英国牛津大学和剑桥大学参与创建。该项办学计划还成立了大学筹备委员会，由时任美国圣公会湘鄂教区主教的吴德施（Logan Herbert Roots）担任委员会主席。① 另据同年的《教务杂志》报道，塞西尔勋爵等人在当年还前往北美的哥伦比亚大学、耶鲁大学、哈佛大学、芝加哥大学、多伦多大学等校拜访，得到了这些学校对“武汉大学”联合办学计划的关注和支持。包括爱丁堡大学的 Stanley V. Boxer 及牛津大学的 J. C. Pringle 等教师已动身或准备前往武汉，参与新大学的筹备事宜。② 对于这所酝酿中的教会大学，主事者们可谓踌躇满志。正如美国旅行家盖尔在清末造访武汉三镇后所说的：由于各种现代思想已在清末武昌无论官办学堂还是教会学校的学生中广泛传播且深入人心，因而“在武汉地区创办一所规模宏大而完备的教会大学，时机已经成熟。唯一需要担心的只是这所新大学的规模不够大……这件事情不办则已，要办就一定要做到最好，要让这所大学以完美的面貌惊艳亮相”③。至 1911 年，这所大学的筹备工作又取得了新进展，已筹得部分款项，并拟定了详细的办学计划。根据日本驻汉口总领事松村贞雄当年 8 月发给外务大臣小村寿太郎的报告书中称：“该大学拟招收清国各官立高等学校及传教士所办各高等学校的毕业生入学……其教授课程，包括外语、欧洲经典名著、高等数学、理论及应用物理化学、医学等等。这些课程都按照欧美大学的

① “The Central China University”, *The North-China Herald*, June 3, 1910, p. 567.

② “The Wu-han University Scheme”, *The Chinese Recorder And Missionary Journal*, Vol. 41, No. 12(1910).

③ William Edgar Geil, “*Eighteen Capitals of China*”, Philadelphia & London: J. B. Lippincott Company, 1911. p. 265.

文华书院教学楼“多玛堂”

科目设置，只是根据清国的实际情况而有所调整而已。”① 不过遗憾的是，这一最早的“武汉大学”办学计划未及正式付诸实施，即因辛亥革命的爆发而流产了。

到了 20 世纪 20 年代，随着中国公立和私立大学的日益增多，华中地区教会大学力量分散，各校规模均较小的状况亟待改善，以增强实力，与中国公私立大学相竞争，故而在汉联合创办教会大学的想法，又重新被提出。当时华中地区已初步形成了一个涵盖小学、中学到大专、大学本科各程度在内的教会学校系统，其中名义上为高等教育程度的学校，除了文华大学以外，还包括武昌的博文书院大学部、华中协和师范学校，汉口的博学书院大学部，湖南岳阳的湖滨学校大学

① 松村贞雄：《武漢大学設立計画ニ関シ報告ノ件》（公信第 149 号），1911 年 8 月 23 日，东京：外务省外交史料馆藏，外務省記録 B-3-10-2-38。另参见李少军教授《武汉大学校史起源新议》，《武汉大学学报（人文科学版）》2013 年第 6 期。

湖南岳阳湖滨学校历史建筑（摄于 2021 年 2 月）

汉口博学书院历史建筑

部，长沙的雅礼大学，益阳的信义大学等。这些学校力量分散，规模都不大，部分学校事实上也没有稳定持续地开展真正意义上的高等教育。因此，在 1922 年的 2 月和 4 月，华中地区各差会代表齐聚汉口吴德施主教的寓所，先后召开了两次会议，经过充分的讨论，最终决定在武昌联合筹建一所“华中大学”。[①] 在 1924 年华中大学组建之初，尚只有武汉本地的美国圣公会、英国循道会和伦敦会三个差会参与，主体仍是原文华大学，校园也设在原文华书院西半部。北伐战争后华中大学重建时，湖南的雅礼会和复初会也加入进来，使其规模较之前进一步扩大。1931 年底，华中大学正式在国民政府教育部注册备案，成为国民政府时期在中国注册备案的 13 所基督教（新教）大学之一。

由文华书院孕育而生的文华公书林及文华图书馆学专科学校，是武昌昙华林值得大书特书的一段历史。1899 年，美国纽约州里士满纪念图书馆（Richmond Memorial Library）的管理员韦棣华小姐（Mary Elizabeth Wood）来到武昌，探望其在圣公会担任传教士的弟弟韦德生（Robert E. Wood），不久在文华书院担任英语教职。韦棣华发现该校图书资料极其匮乏，于是几经努力，终于在校园内的一座中式八角亭建筑中建成了一所小型的图书馆。1906 年她返回美国，一面进修图书馆学，一面募集资金和图书期刊，以期在文华书院建立一座既供学校师生使用、也能服务市民的更大规模的图书馆。两年后韦棣华回到武昌，在其主持之下，一座耗资 10 万美元、拥有 3 万册藏书的新图书馆大楼在文华书院校舍西部奠基开工，并于 1910 年落成，这便是著名的“文华公书林”（英文名 Boone Library）。

① 马敏、汪文汉主编：《百年校史（1903—2003）》，武汉：华中师范大学出版社，2003 年，第 25 ~ 26 页。

1909 年建设中的文华公书林

Boone University Library

文華大學校公書林

文华公书林旧影

晚清湖北大儒杨守敬为文华公书林开馆典礼题赠匾额“异苔同岑”

文华公书林坐南朝北，正立面为经典的欧洲古典主义风格，拥有气派的罗马式立柱，是当时整个昙华林地区最雄伟和美丽的欧式建筑。盖尔在《中国十八省府》中也描述道：“馆舍建筑富丽堂皇的图书馆，是文华书院最近的一大新亮点……这座图书馆被定位为主要服务武昌地区所有教会学校的在校生。早在这幢新大楼开工兴建以前，该图书馆就已经拥有 4000 册英文书和 1500 册经过精心挑选的中文书了。接下来，还将会有许多英、德、法文的优秀著作被译成中文版，并入藏其中，供人阅览。”①

1920 年，韦棣华与沈祖荣等人，仿照美国图书馆学教育模式，在文华大学内共同创立了图书馆学校（Boone Library School），开创了中国图书馆学高等教育之先河。在文华大学改组为华中大学的过程中，这所

① William Edgar Geil, “*Eighteen Capitals of China*”, Philadelphia & London: J. B. Lippincott Company, 1911. p. 262.

文华公书林创办人韦棣华（Mary Elizabeth Wood）

图书馆学校没有再加入华中大学，而是以“私立武昌文华图书馆学专科学校”之名继续独立办学，但仍与华中大学、文华中学共享文华公书林。

从文华书院、文华大学到华中大学，这所教会学校在武昌城北部的昙华林地区，持续进行了数十年的校园建设，将这片两山之间的城中谷地打造成为一片书香之地。其主要校舍，皆位于花园山一带，包括教学楼、体育馆、图书馆、学生宿舍、教职员住宅、教堂等一系列建筑。文华的校园建筑风格各异，体现出时代变迁所留下的烙印。在办学初期，校园内多为中国传统民居建筑，校方兴建的一些校舍建筑，也多做成与周边民居相协调的样式，或尝试一些中西合璧的建筑风格，如博育室、校政厅等。清末以后西风日盛，校方也开始建造一些气派雄伟的纯西式建筑，如颜母室、思殷堂、文华公书林、多玛堂等。民国时期，在华外国教会又发起了一场建筑领域的中国传统风格复兴运动，其间，文华校园内也建造了中国传统建筑风格的“翟雅各健身馆”。毫无疑问，在清末民初时期，地处武昌城内昙华林的文华—华中大学校舍，是整个武汉地区规模最大、建筑最为华美的大学校园。

中华人民共和国成立后，华中大学改为公立，随后在1952年与湖北教育学院、华中大学、中华大学合并，改组为华中高等师范学校，次年再改为华中师范学院。华中师范学院成立后不久，随即选定南湖桂

中西合璧建筑风格的翟雅各健身馆（摄于2018年10月）

子山一带规划建设新校址，并于1957年迁入新校，但昙华林老校址仍为学校城内校园。直至1963年，华中师范学院乃将昙华林校园转让给湖北省教师进修学院。湖北省教师进修学院于1970年停办后，昙华林校址内先后进驻众多单位。1979年，湖北教育学院在昙华林恢复组建，随即该校迁往阅马厂湖北中医学院校址，而中医学院则迁来昙华林校址。从此，这里便成为湖北中医学院的校园，今天仍为湖北中医药大学昙华林校区。颇为遗憾的是，此后校园内的众多重要历史建筑，包括文华公书林、多玛堂、思殷堂、颜母室等，均被陆续拆除，使得昔日文华书院—华中大学校园的历史风貌遭到破坏，这无疑是昙华林历史街区和武昌古城的遗憾与损失。令人稍慰的是，保存至今的翟雅各健身馆，近年来已得到精心修缮和改造，并对外开放参观，成为昙华林的一处重要景点。

文华书院“多玛堂”（麦小朵绘）

翟雅各健身馆（麦小朵绘）

附：

武昌华中大学的学生生活

端　方

（武昌通信）假如你到湖北武昌的话，你一定知道在一个出汉川饼子的街上有这么一个华中大学——就是前文华大学的替身。这个学校是由几个教会团体共同设立的，当然在经费上是毫无问题的，况且政府津贴比国内任何私立学校来得多，所以现在是极力的扩充范围，准备在城外的山旁湖边建筑一块完善，更美丽，更舒适的校园。

衣——一谈到大学生的衣服，有人一定联想到西装旗袍革履高跟，但是在这儿是很少见的。学校当局的规定是秋季黑色，春季黄色，女生则是蓝色长衫，所以满堂是清一色的制服，没有一点别的杂色。尤其是升降旗的时候，那是非要整齐不可的。但是到了严酷的寒天，则又免不了发生另外，棉袍大衣是少不了的，所以整齐之风不得不暂时结束一下。

食——说到他们的吃，都是一律的。由学生组织火食委员会包给厨子，一天三餐，早上稀饭及馍馍，午饭及晚饭都是四荤，首先由厨子制定一种标准菜，以后都根据这个标准来办，不得有一点参差。有些身体软弱的，定购城外农场外国种牛奶作为补品，也很卫生可口。许多人都有消夜的嗜好，每到晚上九十点钟，临近的小馆都忙了，送些面，豆丝，汉川饼，伏子酒，水饺，豆皮……忙得不开交。如若不是有消夜这一回事，那么这几个小馆的老板早已逃得无影无踪了。

住——你要想到这里来看皇宫式的建筑，那我只有引你到珞珈山去参观武汉大学了。这里是英美式，牛津哈佛的风味。男生分住三栋宿舍，女生则独占颜母室（Pen Hostel）即是前任苏俄大使颜惠庆先生为纪念先母而捐的。去年的新生有九十余人，打破历年的纪录，占原有学生数目三分之二，于是校内宿舍不得不拥挤而形热闹了。宿舍的物质享受是很舒服的，每个宿舍都有交谊室，内设有中外多种报章杂志，每天午饭的前后看报的人最多，他们都是非常关心目前的时事。还有游戏的设备：乒乓、象棋、扑克、桌上高而夫等。到了冬天，炉子里的火熊熊的烧着，你怎会感到在前线的兵士受寒风暴雪的痛苦吗？更有那冷热水管莲蓬喷水的洗澡房，给予以淋浴为消遣的同学许多便利。宿舍的规则得够严格了，同时宿舍主任又毫不放松，而尤其是女生主任更不好讲话。

玩——华中大学在体育方面曾经执过武汉的牛耳，但因功课的忙碌，所以无形中体育空气沉下去，个个在书本上加足了马力，而对运动毫不关心。今年就大不相同了，学校当局特请了专门体育教员，对于体育有一个完整的计划。各种球队也相继产生，最精壮的要算男生排球队了，它的成立虽只几个月，但战无不胜，攻无不克的，武汉的代表队也要甘拜下风，其实力就可想而知矣。

在音乐方面有歌咏团的组织，先后表演多次，也得社会一般知音者的好评。汉口市广播电台也去过几次，所唱的是世界著名音乐家的有价值作品。

其他还有时代话剧社，平剧社的组织，前次发起为绥远前方将士募捐会也捐集了不少的钱，可以说游戏不忘爱国。在他们之中电影迷是占着很多的，假期中为电影而去汉口的确实不占少数。

起居——早晨六点多钟，盥洗室和厕所的生意兴隆，闹成一片。升过旗，早操罢了，才由吵杂而变成一个寂静的世界。球场上是很少有人在活跃着的，要找人就得到寝室去，图书馆及实验室总是满堂的，他们作着各种各样的工作，很少有人做无聊的胡闹的事。

总之，在这儿的活跃人们是守纪律的，不爱管闲事的顺民。他们的目的是为读书而读书，出路和文凭是不计较的。在现今的中国，诚缺少这种人材哩！

（《学校新闻》第69期，1937年7月17日）

粮道街：中华大学的记忆

在武汉近代大学创办的历史中，中华大学虽然只是一个规模很小的学校，却具有重要的历史意义。与其他政府官办和教会创办的学堂、学校不同，中华大学是中国近现代教育史上最早设立的私立大学，引领了近代中国民间人士创办大学的新风潮。

中华大学的渊源可以追溯至清末初创的中华学堂，创办人是黄陂人陈宣恺。陈宣恺早年曾取得进士功名，并曾任蕲州州学学官。除了旧学功底深厚，他还接触了西学和近代教育思想，萌生了兴学救国的志向。1907年，他送自己的儿子陈时赴日本留学，考察新式教育情况。陈时（1891—1953），原名映寰，字叔澄。1907年，年仅16岁的陈时奉父之命东渡日本，先后就读于宏文学院、庆应大学、早稻田大学、中央大学等日本知名私立大学，1911年获私立中央大学法学学士学位。1910年，私立中华学堂在武昌开始招生，陈宣恺自任总理，聘吴德壎、祝维祺担任教习，租用武昌府后街（今自由路）的民房为校舍，遵照清政府《奏定中学堂章程》的规定，获准开办。1911年春，陈时自日本留学归国，接手父亲开创的事业，使新生的学堂继续茁壮成长。

然而数月后爆发的武昌辛亥革命，打乱了陈氏父子的兴学计划。战乱迫使学堂停课，教师星散，陈时本人也加入湖北军政府，一时无暇顾及

中华大学校长陈时

教务，中华学堂遂告夭折。中华民国成立不久，陈时一度打算再次赴美留学，但最终放弃了这一计划，回到武汉重拾父业，致力于中华学堂的重建和升格。1912 年 5 月 13 日，遵照民国政府的规定，中华学堂改名“中华学校”，在武昌原址挂牌复校，这一天也从此成为往后中华大学的校庆日。

此时的中华学校，与清末的中华学堂一样，尚为一所中学层次的学校，而陈时真正的理想，是创办高等教育。他首先从预科开始，以“游美预备班”的名义设立了预科部，又设专门部，分法律、政治经济两科和英语专修科，此外还设有女子部和原有的中学。不久之后，学校迁入粮道街校园，校舍规模得到扩大。1913 年，中华学校改名为“私立武昌中华大学”，这一名称虽并未得到北京政府教育部第一时间认可，但

蔡元培为中华大学毕业生题词

学校的办学成效日彰，声誉日隆，规模也在不断扩大。当年江汉大学被解散后，部分师生即转入中华大学。1913 年底，中华大学全校已有学生 600 余人，其中大学预科班 120 余人、专门部 350 余人，这一规模在当时国内私立大专院校中已是首屈一指。

1915 年 3 月，北京政府教育部批准“私立武昌中华大学”正式立案，陈宣恺为校长和学校法人代表，由陈时实际主持校务。6 月底，第一届预科班 70 人毕业。同年 9 月，中华大学正式开办本科。至 1916 年时，中华大学已拥有文科中国哲学门、法科经济学门、商科交通学门 3 门本科，拥有了从附小、附中到大学预科、本科 4 个层次的完备教学体系，这在当时中国本土民间人士创设的私立大学中可谓开先河之举。

中华大学图书馆内景

中华大学校钟和教学楼

开办之初的中华大学拥有师资力量雄厚的教学队伍。知名教师有李式金、刘凤章、张知本、邹昌炽等人，国学大师黄侃也曾于1916年受聘来校讲学一学期。1915年底教育部派员视察后，曾对当时学校的教学水平给予了肯定。1917年以后，由于军阀混战，学校办学经费无着，学校进入了艰难时期，更于大革命期间一度停办，直至1928年方才得以复校。1928年湖北省私立法政专门学校停办，原有学生500余人转入中华大学，复校之初的中华大学一时人才济济。20世纪30年代的中华大学，拥有文学院、理学院、商学院3个学院，包括中文系、外文系、教育学系、法律学系、政治经济学系、数学系、物理学系、化学系、工商管理学系、银行学系、会计学系、师范专修科等12个科系，已形成了一个学科门类齐备、规模可观的私立大学。

中华大学校门

1938 年，因抗战军兴，中华大学被迫西迁。学校先迁到宜昌，年底复再西迁至重庆南岸下龙门浩禹王庙，并在此度过了艰难的八年时光。1946 年，学校回到粮道街旧址复员。1952 年，中南军政委员会教育部对中华大学进行了接管改制，各院系被拆分调入华中大学、湖北省高级商业学校等校中，其中中文、化学、教育 3 系成建制整体并入华中大学。因此，中华大学也是今天华中师范大学校史中一支重要的源流。

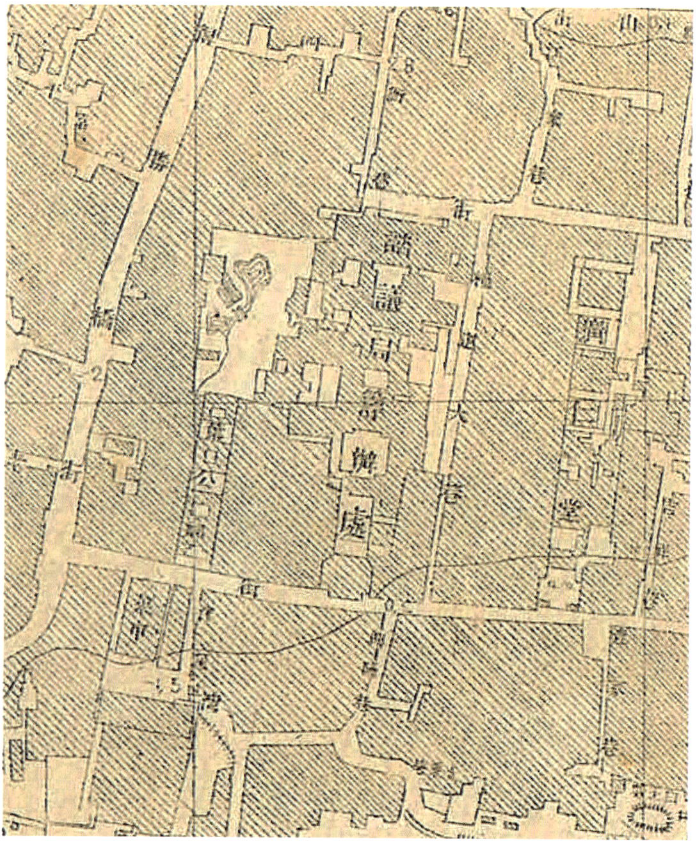

1909 年《湖北省城内外详图》中的湖北粮道衙门（时已改为谘议局筹办处）、花园与叶公祠

1912年中华学校成立后不久，陈宣恺即呈请湖北都督黎元洪，调拨位于武昌粮道街的清代粮道衙门旧址为校舍。粮道衙门本是在清代武昌城内众多官衙中的一处，“粮道街”之名即因粮道衙门而得名，其东侧的南北向小巷也因而得名“粮道大巷”。清末新政时期，这处旧官衙曾作为湖北省咨议局筹备处使用，至民国初年，又为湖北省军法处办公地。中华学校求拨校舍的呈请，得到了黎元洪的批准，当年12月学校即迁入其中。从此粮道街的这处旧官衙，成为中华大学的固定校址，一直延续至20世纪50年代。

中华大学获拨粮道署房舍后，还通过各种办法努力扩充校园面积。粮道署附属的叶公祠和蒲圻庙，也被黎元洪划拨给中华大学，校方又出资购买了粮道大巷毗连的房产，使校园面积得以继续扩大。学校对校园也进行了必要的改造，将粮道署的花园改造为运动场、叶公祠改造为图书馆。1920年，校方募款修筑了新校舍“中大楼”。1928年复校后，又陆续完成了“成、德、达、材”4座西式学生宿舍，纪念堂，文

民国时期中华大学校舍全貌

1966 年的武昌粮道街中华大学校园旧址全貌（U.S. Geological Survey）

学院和理学院教学楼，兼作图书馆、学生食堂、理化实验室、学生浴室的“后方大楼”，校友总会新会所，女生宿舍等校舍建筑，昔日破败的粮道署已焕然一新，变成一座西式建筑风格的近代高等学府了。

在中华大学结束后，这处校园被文华中学继续使用。文华中学曾改名武汉市第三十三中学，如今已重新恢复了“武昌文华中学”之名。遗憾的是，校园里昔日中华大学的老建筑，如今皆已难觅其踪。

附：

中华是个温柔亲切的老太婆

南 风

中华大学是华中资格最老的一个大学，迄今已有二十多年的历史。创办人陈时，即现在的校长，是一个肯于埋头苦干的教育家，为了创办这个学校，他把自己巨额的家产毁光了。

校址在武昌粮道街，一进校门，有一个平坦的大路，路旁即所谓“红楼”，是该校的女生宿舍，一栋新近落成的建筑物。路的尽头是学校办公的地方，楼上是大礼堂及教室；再进去是一排三栋的红色建筑物，乃男生宿舍；更后面的一栋红色大楼，是教室及图书馆、仪器馆的所在地。

校舍是一些没有值得夸耀的地方，有好些地方并且显得简陋。这难怪，一个私立学校当然不会有那么巨额的金钱，用来装点门面。住在这里面的大学生，都在和他们校长一样地过着非常刻苦的生活。

宿舍很窄小，因此有半数的学生都住在校外的公寓里。谈起公寓，也非常有趣的，这里面有宽不过七尺深不过一丈的狭的鸽子笼，每人可以占据一间，仅能摆一只小床，一张狭小的书架，两只木凳，一个箱架，于是房内便再也没有空隙。价钱倒很便宜，每人每月最低的八九元，最高的也不过十一二元，房租、火食、茶水都在内，还有茶房侍候。在武昌粮道街像这种专为中华大学学生所开设的公寓，有十家左右之多。

油头粉面或者是蓬首垢面的大学生，经常地在这些精致的小屋或者是肮脏的牢房里过着近乎诗意的生活。这里是他们书报杂志的阅览室，佳宾密友的聚谈所，文艺稿件的制造厂，小型刊物的编辑房，社会活动的议事厅，政治理想的发祥地。我们别小视了这小小的公寓呀。

中华大学是一个穷苦的大学，这大学里也多的是穷苦的学生。除开每季的学费多半是前后挪欠以外，衣食住方面都非常刻苦。有些大学生是半工半读自食其力的，则往往利用课余的时间，在附近的中学小学里兼带些钟点，或在各报章杂志上投稿，换取些稿费。

这学校对于新生录取的程度不大严，因此有些“学混子”很容易混迹其间；加之学校教学的方式一向注重自动研究，用功与否，全在自己，以致学生程度，非常不齐。同是一班的大学生，有的程度超过了一般的水准，有的简直浅薄幼稚得可怜。

关于社会活动方面，这学校的学生似乎比较活跃些，因为其中有些同学，一只脚还在学校，另一只已经早踏进了社会。关于文艺方面的活动很消沉；但仅有一点是可以注意的，即在华中文艺界已奠定了相当地位的秋声剧社，其主要分子多为该校同学。

（《中国学生》第 1 卷第 6 期，1935 年 1 月）

歌笛湖：古城里的艺术殿堂

在武昌城的南部，有一条东西向的小路，名为“水陆街”。此街东起今首义路，西至今解放路，全长不到500米。其得名缘由，大约与其周边环境有关：当年在街的东南面，曾有一处小的湖塘，名为校场湖，又称教唱湖。而街的北边，则是一个面积稍大的湖泊，名为歌笛湖。在民间传说和方志记载中，“歌笛”和“教唱”这两个充满诗意的地名，来自明代在武昌封藩的楚王，相传此处在明代时为“楚藩种芦取膜为笛簧”[①]处。无论传说是否可信，这样两个颇为浪漫的地名，似乎冥冥之中都注定了这条小路要成为武昌城内一处艺术的殿堂。的确，在近代武昌城的历史上，这里曾经耸立过一座艺术的圣殿——武昌美专（武昌艺专）。

武昌艺专的最早前身，是1920年建校的武昌美术学校。1917年，蒋兰圃、唐义精、徐子珩等本地美术界同人，在武昌发起成立了美术研究社，研究绘画原理，传播西洋绘画艺术。至1920年，他们乃决定在武昌创办“武昌美术学校”，开创了近代华中地区美术教育的先河。该校开办之初，因为财力有限，师资亦十分缺乏，因而步履维艰。校长蒋

① 民国《湖北通志》卷10。

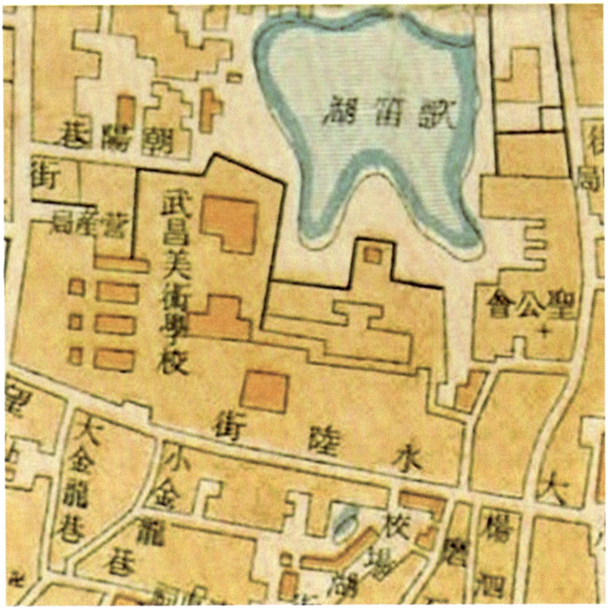

1930 年《武汉三镇市街实测详图》中的歌笛湖、水陆街一带

兰圃不惜毁家纾学，用拍卖家产所得的资金作为办学经费，租赁民房办学。1922 年 11 月，学校在北洋政府教育部获准立案，第二年又依照教育部颁布的《美术专门学校规程》，增设专门部本科，改名为“私立武昌美术专门学校”，成为华中地区第一所美术高等学校。1930 年，校董事会又决定进一步增设音乐学科，该校名为“私立武昌艺术专科学校”，于当年 7 月在国民政府教育部备案。

此时的武昌艺专，先后确立了一系列校园文化符号。新制的校徽为圆形，主体图案为一个篆体的“美”字。校内音乐教员陈田鹤和国文教员冯力生，合作编写了四声部合唱的校歌。这首校歌洋溢着浓郁的荆楚风味，大量运用武汉城市文化元素，同时又唱出了该校的学科特色，并对莘莘学子寄予了美好的希望。其歌词如下：

民国初年在上海图画美术学校就读函授班时的蒋兰圃
（《美术》第 1 期，1918 年 10 月）

晴川历历汉阳树，芳草萋萋鹦鹉洲。大江日夜流，大别龙蛇走。危楼百尺名黄鹤，矗立江岸障中流。河山好，风景幽，自古有才称三楚。吾校惨淡经营立，发扬文化绵悠久。乐舞八方，粉绘千秋，愿吾侪努力潜修，复兴我伟大民族！①

在学科发展建设上，武昌艺专在 1930 年至 1932 年间陆续设立了艺术教育系、绘画系、西洋画系、图案系、音乐系、雕塑系等，并设有附设初中、高中两校，还设立了研究所，形成了多学科多层次的办学架构。作为一所私立院校，武昌艺专设有校董会，负责经管学校、对学校

① 徐勇民主编：《永远的风采——湖北美术学院校史》，武汉：湖北美术出版社，2010 年，第 11 页。

武昌美术专门学校校门

武昌艺专学生在西画教室上人体课

蔡元培为武昌艺专题词："推行美育"

各会议及校友会建议要案作出决议、筹划学校经费、审核预算决算、选举校长和其他财务事项。校董会主席为蒋兰圃，成员包括贺国光、闻一多、杨公纯、艾毓英、唐义精等人。民国时期的武昌艺专在经费十分困难的情况下得以维持并稳步发展，校董会厥功甚伟。

这一时期的武昌艺专在发展上进入了一个高峰，在华中地区乃至全国都有较高的学术地位和广泛的影响力。学校在学术上倡导中西融合、海纳百川，吸引了一批国内著名学者和艺术家到校任教。如西洋画教员主要有留学法国、英国、日本等国的唐一禾、周圭、庄子曼、曾一橹、许敦谷、彭沛民等，他们注重绘画技法，形成了近代湖

武昌美专校刊《武美》创刊号

武昌美专文艺刊物《歌笛湖》创刊号

北西画现实主义的优良传统。音乐教员贺绿汀，为我国近现代著名音乐家，曾在武昌艺专教授乐理、声乐、作曲法、对位法和钢琴等课程，还曾率领学生到汉口举办音乐会。武昌艺专卓有成效的办学，赢得了社会各界的赞誉，国民政府时期，包括蒋介石、于右任、居正、张学良、陈立夫、蔡元培、王世杰等政界学界要人，曾为武昌艺专题词或捐资助学。这一时期校内的各类刊物也如雨后春笋般兴起，校内师生先后创办有《武美》《歌笛湖》《艺术旬刊》《在前》《江天》等期刊。

1920 年武昌美术学校成立时，校舍条件十分简陋。当时学校租赁了武昌芝麻岭（今解放路中南部一段）的演讲团隔壁 4 栋民房为校舍，作为教室、办公室、教职员住宅以及学生宿舍，后来又租赁了附近的关岳庙、省立图书馆部分房屋为校舍。这些分散的屋舍，基本上都集中在今解放路读书院街路口一带。显然，校舍的狭小和分散严重制约了学校的发展，校董会多次呈请当局另拨校址。经过长期努力，最终在 1924 年 8 月，获准划拨水陆街新校址，并于次年开始修建新校舍，至 1926 年春迁入了歌笛湖畔的新校园。

这处日后成为武昌城内艺术殿堂的校舍，在清末时本是湖北提学使衙门。正如前面所提到的，在清朝的科举时代，湖北负责学务的最高机关是提督学政。但随着新式学堂的创办和日益普及，特别是 1905 年清廷最终决定停废科举，建立在科举制基础上的传统教育行政管理体制，显然已无法适应新式教育的需求。因此在科举制废除后，清廷也裁撤了各省学政，改设了一个新的官职——提学使，其机构称为提学使司。与提督学政仍保留中央派遣官的性质不同，提学使是完全的省级地方官，作为总督、巡抚的下属，受督抚节制，并在业务上归中央学部指导。提学使司的主要职能是总管全省教育行政事务、筹划全省教育经费、管理全省各级学堂等事宜，其性质和工作内容已与今天的各省教育厅颇为类

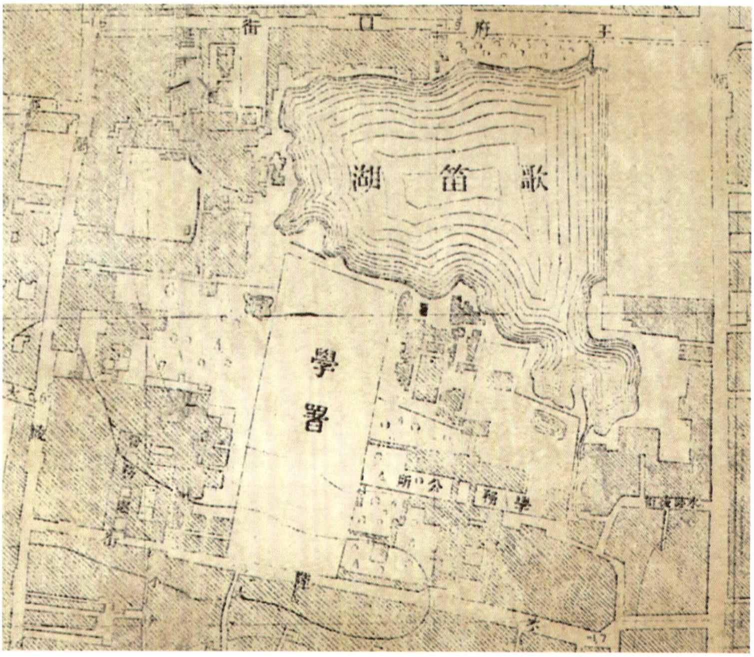

1909 年《湖北省城内外详图》中的湖北提学使署和省城学务公所

似。当时，湖北提学使司没有沿用三道街的提督学院旧址，而是在城南的水陆街北侧、歌笛湖以南另建了新的衙署。在提学使司署的东面，还设有学务公所，这是清末新政中开设的省教育行政咨询机构，其中设有议长、议绅，辅佐提学使管理全省学务。

到了民国时期，这处闲置的清末官衙得以焕然新生，重生为一座艺术教育的黉宫。当时武昌美专获得这处校址后，鉴于原有房舍陈旧，乃决定全面改建。校长蒋兰圃将个人在樊口的田产租金和一艘小火轮股票悉数捐给学校，教务主任唐义精则亲自向南洋华侨募款，并同徐子珩一同向由美国退还中国庚子赔款而组织的“中华教育文化基金会”申请到了一笔津贴。经过为期一年的建设，歌笛湖畔耸立起了一幢幢优美典雅的欧式校舍建筑，成为古城中蔚然一景。这处新校园南临水陆街，北依

武昌美专校舍建筑

歌笛湖，占地面积 21329 平方米，主要包括校大门、建校纪念碑、教学楼、综合办公楼、总理纪念堂、音乐厅、教职员宿舍、学生宿舍、食堂等 24 栋建筑，总耗资 3 万余元。[①] 至学校扩建改名为武昌艺专后，校园又有了新的扩建，增辟了运动场。这组校园建筑为西式古典主义风格，造型优美，气势恢宏，是整个北洋政府时期武昌城内高等学校中唯一具有一定规模的新校舍建设工程，在当时湖北地区各高校中亦称优良。而校中收藏的图书文献、历代字画古物、教学仪器标本、摄影冲印设备、印刷设备等，亦数量颇丰。

---

① 张爱华、王灿主编:《永远的风采——武昌艺术专科学校老照片》，武汉：湖北美术出版社，2010 年，第 4 ~ 19 页。

武昌美专校舍建筑

全面抗战爆发后，武昌艺专师生积极投入抗敌文艺宣传中，特别是抗日宣传画在全国影响很大。唐一禾、王道平、蒋治民等教师，带领学生先后创作了40余幅大型抗日宣传画，在武汉街头巡回展览。这些画作揭露了日寇狰狞残暴的面目，鼓舞了国人同胞同仇敌忾的抗敌决心，成为武汉抗战时期抗敌文艺的一大亮点。也正因如此，日寇对武昌艺专异常痛恨，必欲除之而后快。1938年8月16日中午，日军出动大批军机，分两批对武昌市区进行了狂轰滥炸，武昌艺专成为日军重点轰炸的对象。虽然在事先防空警报的预警下，校内师生皆及时撤离，没有造成人员伤亡，但整个艺专校舍在此次轰炸中竟被日军完全炸毁，化为一片废墟，校中未及运走的图书仪器、绘画雕塑、古物字画和其他财物，皆在这场轰炸中遭受严重损毁。可以说，武昌艺专的被炸是武汉抗战时期日寇对武汉高等教育所进行的最直接最野蛮的一次摧残，充分暴露了侵华日军意欲在文化和精神上毁灭中国的险恶用心。

1938 年武汉抗战期间，武昌艺术毕业生周令钊、张友慈参与绘制

面对这场浩劫，时任校长唐义精曾悲愤地表示："我真为这流泪了，十几年来的心血，这次几乎完全被毁。当我带着破碎的残余，和寥寥几个不愿离开学校的学生西迁时，回首旧园，真不尽依依之感！但想到敌人只能毁灭我们的物质，却毁坏不了我们的精神，我们又抖擞了。"① 当年 9 月，武昌艺专择定四川江津德感坝李家祠堂为校址，举校西迁。抗战时期，在极端困苦艰难的条件下，武昌艺专坚持办学，弦歌不辍，保存了湖北艺术教育事业的火种和血脉，其精神可歌可泣，感人至深。1944 年 3 月，为武昌艺专的创办、发展和维持作出巨大贡献的校长唐义精及其弟唐一禾在乘轮船赴重庆途中，因轮船触礁沉没而不幸罹难，他们的离世，是湖北乃至全国美术教育事业的巨大损失。

抗战胜利后的 1946 年 10 月，武昌艺专终于回到了阔别 8 年之久的江城武汉。由于水陆街校舍早已被毁，学校乃租借汉口宁波会馆作为临时校舍开学。当时，全校师生和社会有识之士多方奔走努力，希望筹集款项，修复水陆街校园，但因战时物价飞涨，时局风雨飘摇，这一愿望最终落空，水陆街曾经的巍峨黉舍，再也未能恢复。

1949 年夏，武昌艺专被南下的中原大学接管，中华人民共和国成立后几经重组，于 1953 年分立为中南美术专科学校与中南音乐专科学校。今天，水陆街的校舍虽然早已不存，但武昌艺专的文化血脉，却仍在广州美术学院、武汉音乐学院、湖北美术学院等校中得到传承。

① 其弘：《武昌艺专访问记》，《中央日报》1920 年 4 月 25 日第 6 版。

武昌艺专校门（麦小朵绘）

附：

《歌笛湖》发刊词

秦纵仙

好像拿极嘹亮字面来定名这个刊物——歌笛湖容易悦耳动听，其实只是标记刊物发行地。

三百多年前，明朝一个藩王曾在湖边造起亭榭，满贮姬女，教她们歌舞；我们现今想像那遏云绕梁，既然不是王孙公子，达官贵宦，不能进入藩王府一步，亲聆雅奏；就是生在当时，也同而今的想像没有两样。这可以毫无追恨。

可是，她们歌唱些什么？是谁制造曲文？却许“有司失其传”。看到孔东（塘）的《桃花扇》以及清初一切人记明末故事的小说，我们可以知道明朝到了江山已归他人之手，还在妙选歌姬；那歌姬的唱词，都要特请名流选制。阮大铖的《燕子笺》《春灯谜》一出便风唱起来。明朝重唱昆曲，清朝初年还是如此，歌笛湖的藩府各厂，自然不是例外了。

为了昆曲太典雅，不容易一般人都懂，遂改唱二簧，有心人煞是费了苦功。那知流转到薛平贵做皇帝，蔡鸣凤辞店……许多莫明其妙的戏曲，都因为七字一句的“未曾开言泪满腮”，十字一句的“未开言不由人泪流满腮”，易于乱诌；一不是告诉平民冤苦，二不是背写社会形状，但凭几个毫无知识的好事者，弄弄自己的才学，来出出风头，接着和的就大唱特唱起来，实在不是平民的而是愚民的。——由戏曲一项推论到其他艺术，在中国应有“同声一慨”的感觉，一方面，毁坏了贵族的艺术，一方面，丝毫未教平民得到艺术的滋味。

我们反对贵族的艺术，只痛恨他们少数人独享独乐，千万不是反对他的艺术不应当到优美高深的地位。简捷说：一切都是进化，不是退化；一切人都有研究艺术的机能，这自然是艺术界牵定了一条狠平直的线；但，要一切人都能立足在这平直线上，自然伸着十丈长臂，携带伏而在下者到百尺高楼去，那里会将高楼上的人都爬下，同着扑地嚼草呢？

那末，《歌笛湖》刊物出版美术专校，那湖地虽然紧围着校后墙，自然不是几个同学关上门，到后湖去迎风弄月，成功什么消闲录、销夏录；无腔短笛，要细细地调匀它的气孔，平和悠扬的弥漫而普换了一种“美”的空气，比黄鹤楼头吕洞宾吹的，更其上激玉京，下引八极，断不止“散入东风满洛城”罢了。

做发刊词者，抱着这希望对它致礼，感慨不到“只今惟有鹧鸪飞”，尤其不要用“不见马家宅，今作奉诚园”的典故。

十八，双十节前一日于武美专

（《歌笛湖》创刊号，1929 年 10 月）

宝积庵：沧桑百年学府地

近代武汉的农业高等教育，溯源于1898年湖广总督张之洞在武昌兴办的农务学堂。光绪二十四年（1898）春，张之洞发布农务、工艺学堂招考告示，在其中他写道："富国之本，耕农与工艺并重。近来泰西各国，农务最为兴盛，由于格致、理化之学日益精深，知地力之无尽藏，于辨土宜、察物性、广种植、厚培壅诸事，讲求不遗余力……中国地处温带，原隰沃衍，甲于环球。乃因农学不讲，坐使天然美利壅阏不彰，此农学不讲之故也。"[①] 对于中国这样一个历史悠久、积淀深厚的传统农耕文明古国而言，近代农业科学研究对于农业发展和近代转型而言具有显著的重要性，张之洞较早对此有深刻认识，故而决意在武昌开办农务学堂。湖北农务学堂与同年杭州知府林迪臣创办的浙江蚕学馆，同为我国近代最早建立的农业学堂，是我国近代农业教育的起点之一。[②]

农务学堂设农、桑两科，校中先后聘请了美国、日本的农学专家担任教师。1900年，在学堂监督罗振玉的领导下，农务学堂设立了蚕桑

---

① 张之洞：《招考农务、工艺学生示》，赵德馨主编，吴剑杰、薛国中点校：《张之洞全集》第7册，武汉：武汉出版社，2008年，第256页。

② 本书编委会：《华中农业大学校史》，内部出版，1998年，第1页。

试验室，蚕科学生分批在其中进行养蚕实习，包括气象观测、采桑、贮桑、剉桑、蚕种催青和饲养等内容。蚕桑试验的精心组织和有序开展，是农务学堂在城内办学时期的突出成就之一。

正如前所述，这所学堂开办时的校址，乃是位于城中东厂口的四川会馆和霆军昭忠祠。利用既有房舍开办学堂，是张之洞在鄂兴学时经常采取的办法，目的是为了因陋就简、尽快使学堂先行开学，而校舍则可往后徐加改扩。不过对于一所农科学校而言，其办学需要面积广阔的农、林、蚕等试验场和实验室，局促于闹市之中的城区房舍内，显然是不合理的。在随后张之洞制订湖北新的学制规划，计划将农务学堂改组为高等农业学堂的同时，他也决定将学堂搬到城郊，另建新校园。新的校园选址武昌城北门武胜门外沙湖之滨的宝积庵，此处原为沙湖北岸的滩涂荒地，地广人稀，土质肥沃，对于开展农林试验十分合适。湖北农业高等学堂校舍，是晚清时期武汉地区从零开始新建的最主要一处高等学校校园，也是设施设备相对完备的一处新校园。

1910 年《湖北农会报》收录的一张《湖北农业高等学堂平面图》，是目前能够看到的宝积庵校园最早的总平面图，从中可以一窥清末该校园的基本建筑面貌。从图中可知，这所学堂进入大门后首先是一组中式传统院落建筑，作为学堂行政楼；而后是一栋教学实验楼，其中包括农科、林科讲堂及一些实验室等；再往后建有自习室、学生寝室、操场等；在校园中轴线东侧，另有蚕学一科的讲堂、寝室、陈列室、育蚕室等建筑群，中轴线西侧为附属小学；整个校园的南半部，则是洋教习住宅和林科试验场苗圃。[①] 尽管这一校园的各校舍建筑大部分仍为传统中式平房，建筑规模亦不大，但作为一所高等农业学堂，各类基本功能皆

① 《湖北高等农业学堂平面图》，《湖北农会报》1910 年第 3 期。

清末湖北高等农业学堂林科学生播种实习
(《农林公报》第 1 卷第 8 期，1912 年 10 月)

已具备，这在清末湖北官办高等教育建筑中，已称难得。

湖北高等农业学堂改名后，依照清政府颁定的《奏定学堂章程》(即“癸卯学制”)，重新确立了分科、学制、教学科目等制度。学堂的教师中，有许多日籍外教，主要的专业课程皆由日本教师讲授，其中包括农科学士美代清彦、峰村喜藏、吉田永二郎、富士省三，农学家南渝吉，林学士野尻、后藤房沼、衡山春平，林学家近藤时太郎、早川正文，蚕学家中西留应等人。此外，校中知名华籍教员有叶恭绰、谈锡恩等人。作为一所农科高等学府，湖北高等农业学堂继承了农务学堂重视教学、试验和技术推广相结合的优良传统。学堂内设农务局，将农业试验、推广工作和学堂的教学紧密结合。1908 年开始，学堂又在荒地中开垦熟田四百余亩，设立试验区。在清末最后数年的短暂时间里，相关农事试验已开展得初具规模，设计十分精密，涵盖了蚕豆、油菜、豌豆、大麦、小麦等作物，在当时全国居于领先水平。①

① 本书编委会编：《华中农业大学校史(1898—1998)》，内部出版，1998 年，第 8 ~ 10 页。

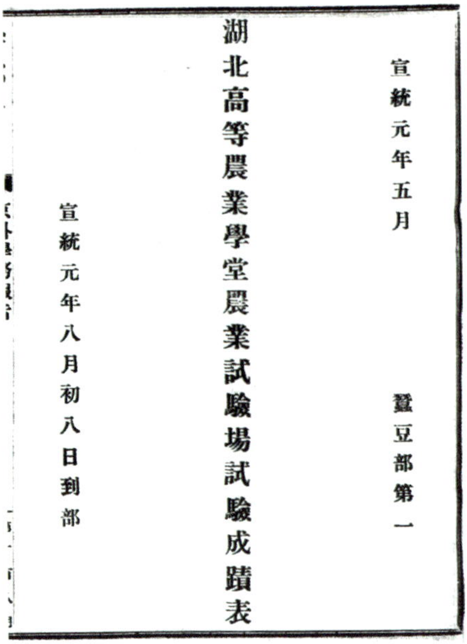

宣統元年五月 蠶豆部第一

湖北高等農業學堂農業試驗場試驗成蹟表

宣統元年八月初八日到部

1909 年连载刊登于清政府《学部官报》上的《湖北高等农业学堂农业试验场实验成绩表》

在清末湖北严重的财政危局下，湖北当局于 1911 年春将高等农业学堂停办。半年后，辛亥革命武昌起义爆发，宝积庵校舍在革命战火中遭到严重毁坏，沦为一片废墟。这一清末武汉官办高等学堂中的重要新建校园，只存在了不到十年便消失了。史载：“辛亥一炬，校舍荡然，仪器图书，损失甚巨……文襄原拨之沙湖官地，复经历年改变，豪强侵占，经界已湮。”[①] 至民国成立后，农业学堂未能恢复，试验农场则以“湖北全省模范农林试验场”名义继续举办。至于民初新成立的湖北甲种农业学校，则不得不四处租借房舍办学，该校后分立为湖北第一、第二高级农业学校，其中第二农校拟在宝积庵高等农业学堂旧址恢复重建

① 《院史述略》，《二十二年度之湖北省立教育学院》，武昌：湖北省立教育学院，1934 年，第 5 页。

湖北省立教育学院创办人黄建中
（《湖北省立教育学院一览》，1933 年）

校舍，但随后因北伐武昌围城战而未遂。1928 年秋，湖北省建设厅曾在此举办“农林传习所”，由叶雅各任所长，但一年之后即再告停办。①

沙湖之滨的这处老校园，在经历了 20 年的沉寂后，直到 20 世纪 30 年代初再次点亮了高等教育的灯火。1930 年，毕业于北京大学的教育家、随州人黄建中出任湖北省教育厅长，他鉴于当时职业教育发展的趋势和湖北乡村教育薄弱、农村社会经济凋敝的现实，乃决意创办湖北省立乡村师范学院。黄建中向省教育厅积极争取划拨宝积庵农场为校址，随后开始了校舍建设。该校成立后不久，于 1931 年 8 月依照国民政府教育部令，改名为“湖北省立教育学院”。

① 《院史述略》，《二十二年度之湖北省立教育学院》，武昌：湖北省立教育学院，1934 年，第 6 页。

湖北省立教育学院校门
（《湖北省立教育学院一览》，1933 年）

湖北省立教育学院校园坐落在沙湖之滨宝积庵的清末高等农业学堂原址，主要校舍建筑落成于 1932 年 1 月，耗资 8 万余元。校园平面为正方形，四周掘有护城河一般的壕沟环绕。新校大门改为开在校园西南面，面朝武昌城方向。校门为一座西式风格的建筑，主入口两侧立有两根罗马柱，其上为校名横匾。进入校门后不远处的左手边，即全校的主体建筑，是学校的办公楼和教学楼。这座建筑面朝沙湖，共有两层楼，平面呈“凹”字形，合围一个半开放的小庭院。整座建筑亦为欧式风格，一层主入口处建有罗马柱的入口门廊，庄重典雅。这幢建筑在后来的武汉师范学院时期被称为“中文楼”，并加建为三层。遗憾的是，该建筑在 20 世纪末被拆除了，原址即今天湖北大学物电学院和计信学院大楼所在地。

校园的南面和东面，毗邻沙湖岸边，是广阔的试验田、苗圃、农舍等。根据 1933 年《湖北省立教育学院一览》所附的校园平面图记载，其中包括果园、花卉园、温床、牛厩、农事试验区、苗圃、桑园、蔬菜

湖北省立教育学院主楼正面
（《湖北省立教育学院一览》，1933 年）

湖北省立教育学院主楼侧影
（《二十二年度之湖北省立教育学院》，1934 年）

湖北省立教育学院农场办公楼
（《二十二年度之湖北省立教育学院》，1934 年）

试验区、旱田区、水稻区、小麦黄豆区、棉花蚕豆区等。校园内的主要校舍建筑，除了前面提到的校门和主楼外，校园北侧一角还建有一幢教授住宅，在农场的北侧则建有一幢两层洋房，为农场办公楼，其西侧为牛厩，东侧为农场工人住宅。

与一般的师范学校相比，湖北省立教育学院是一所以农业和农村教育为主、为发展农业生产和乡村教育服务的学校，而非培养普通中学师资，因此其办学始终把农业和教育相关内容摆在突出位置。学院设有农事教育系和乡村教育系 2 个系，开设 2 个本科专业、3 个专修科，开设的课程包括教育学、心理学、普通农艺、森林学、作物学、乡村教育民

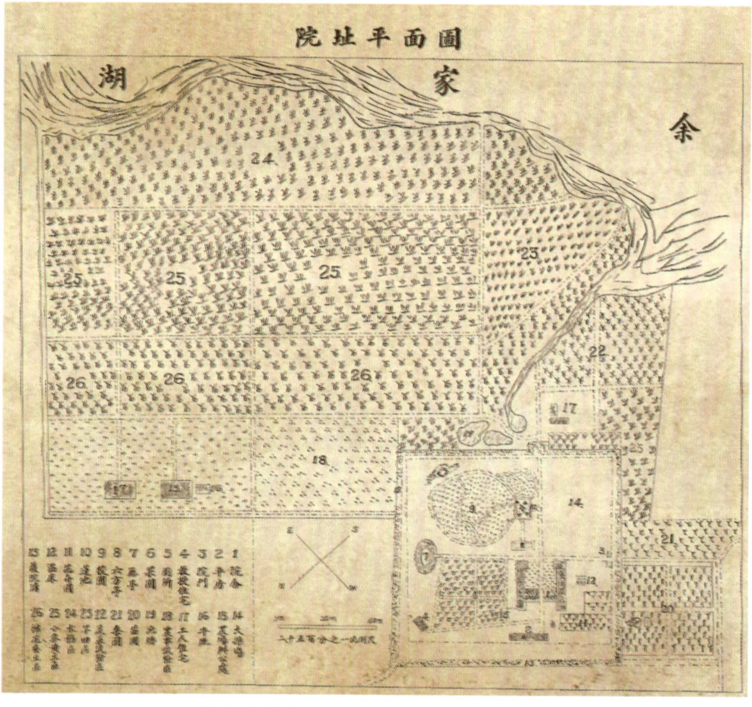

1933 年的湖北省立教育学院及宝积庵农场平面图

（《湖北省立教育学院一览》，1933 年）

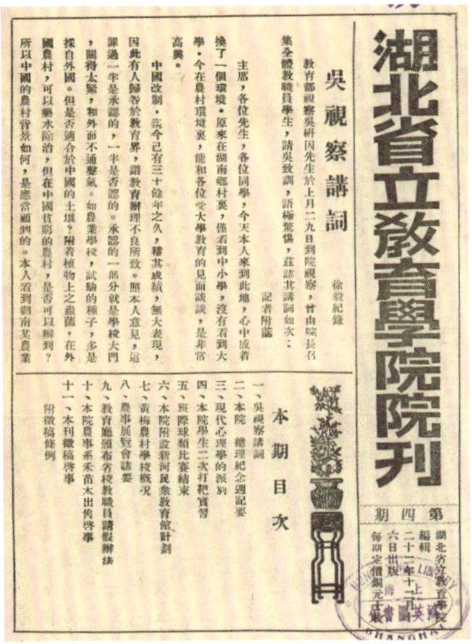
湖北省立教育學院院刊

第四期

湖北省立教育學院
編輯
二十二年十二月
十六日出版
每期定價銅元

吳視察講詞

徐毅紀錄

教育部視察吳研因先生於上月二九日到院視察，曾由院長召集全體教職員學生，請吳致訓，語極懇惻，茲誌其講詞如次：

記者附識

主席，各位先生，各位同學，今天本人來到此地，心中感着換了一個環境。原來在湖南鄉村裏，僅看到中小學，沒有看到大學。今在農村環境裏，能和各位受大學教育的見面談談，是非常高興。

中國改制，迄今已有三十餘年之久，稽其成績，無大表現，因此有人歸咎於教育界，謂教育辦理不良所致。照本人意見，這罪過一半是承認的，一半是否認的。承認的一部分就是學校大門，關得太緊，和外面不通聲氣。如農業學校，試驗的種子，多是採自外國。但是否適合於中國的土壤？附着植物上之蟲菌，在外國農村，可以藥水除治，但在中國貧窮的農村，是否可以辦到？所以中國的農村背景如何，是應當顧到的。本人看到湖南某農業

本期目次

《湖北省立教育学院院刊》

众教育及实施、农产制造学、乡村自治、乡村调查及报告等。该校办学5年间，总共培养了129名毕业生。学校附设有农业学校、农场和青山教育实验区，还举办了民众夜校、民众教育馆等。

与此同时，在1935年时，与之相距不远的徐家棚棉场，国立武汉大学农学院筹备处在其中举办了一期农业简易班，招收了23名学生，学制1年，学习农林基本知识和技能，开设了国文、测量、植物、气象、土壤、昆虫、作物、绵作、造林、畜牧、果树等课程。该班毕业时，居正、孙科、于右任、孔祥熙、王宠惠、石瑛、王世杰、周鲠生、蒋梦麟、罗家伦等政界学界名流都前来题词祝贺。

1936年夏，湖北省政府将省立教育学院停办解散。次年，省建设厅长伍廷飏与教育厅长周天放商议，决定利用原教育学院校园，联合举办湖北省立农业专科学校。1938年武汉沦陷前夕，学校西迁恩施，并于

湖北省棉业改良委员会徐家棚试验棉场

（《国立武汉大学农业班首届毕业同学录》，1937 年）

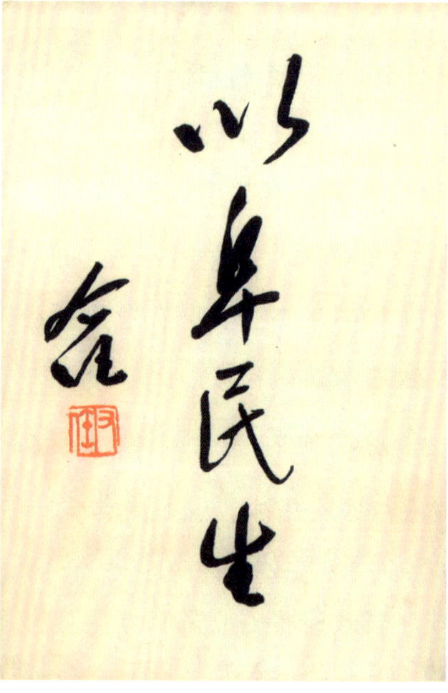

于右任为国立武汉大学农业简易班题词“以阜民生”

（《国立武汉大学农业班首届毕业同学录》，1937 年）

1940 年在陈诚《新湖北建设计划大纲》的统筹规划下，改建为湖北省立农学院，在抗战时期的艰苦条件下，学院办学规模仍不断扩大。1945 年 12 月学校复员武昌宝积庵时，已有 4 个系，学生 200 多人，教职员 90 余人。战时的湖北省立农学院，还确立了院歌。这首院歌由我国著名女高音歌唱家、声乐教育家、时任湖北省立教育学院音乐系主任的喻宜萱教授作曲，朱在庵作词，歌词古朴雄浑，至今仍为华中农业大学的校歌：

挹江流浩浩荡荡，挟沃野郁郁苍苍。萃俊秀于三楚，聚硕彦于一堂。勤读力耕肩重任，立己达人图自强。雍雍穆穆，跻跻跄跄，宏农学，扬国光，日新永无疆。

湖北省立农学院院歌

抗战时期在恩施的湖北省立农学院
（《中华》第 104 期，1941 年 8 月）

1965 年的武汉师范学院校园鸟瞰（U.S. Geological Survey），此时湖北省立教育学院时期的校门、主楼、学院教授住宅、农场办公楼、牛舍等建筑均尚在

1949 年 6 月，武汉市军事管制委员会接管湖北省立农学院，次年 10 月更名为湖北省农学院。1952 年，湖北省农学院和武汉大学农学院合并，南昌大学、河南大学、广西大学、中山大学的农学院和湖南农学院部分科系也并入，组建为华中农学院。1957 年，华中农学院迁往武昌南湖狮子山新校址，宝积庵校园转为武汉师范专科学校校园。次年，武汉师范专科学校改组为武汉师范学院，仍以宝积庵为校址。

1984 年，武汉师范学院又更名为湖北大学。至今，这里仍是湖北大学校园所在地。尽管曾经的老建筑早已消失无踪，但这一孕育了今天华中农业大学、湖北大学、湖北第二师范学院等多所武汉高校的百年老校园，仍是武昌沙湖之滨一片积淀深厚、文脉绵长的文教胜地。

武汉师范学院时期的校门

湖北省立教育学院主楼（麦小朵绘）

武汉师范学院校门（麦小朵绘）

附：

武昌宝积庵畔农科学校巡礼

——景物幽雅，处处有新村气象；工作紧张，个个具苦干精神

（汉口通讯）湖北教育学院，为前教厅长黄离明所创办，迄今四年。这四年当中，所给予湖北人士的印像，是教育学院毕业出来的学生，确确实实踏进了农村，真诚的担负起他们所标榜“复兴农村、建设农村”的使命。现在院长姜琦，对该院擘画周详，颇能以一种新的、实干的精神和魄力，在艰难的情况下激起一个蓬勃而生动的气象。他在本年的秋季，为了实现该院应为“新农村训练新农夫”的责任，又产生了一个附属初级农科职业学校。今天为该院四周年纪念日，他们全院的园友园丁们，将举行盛大的庆祝，农校的开学典礼，闻将附在这天补行。这一个新兴的农业学校，或将为读者所急欲明悉，记者特就昨日参观所得，写在这里，借资介绍。

田亩井然，苗树成林

记者将达该院，相距不远的时候，一望俨然，茅舍土屋数间，四围布着篱笆。竹篱门的中间，竖起一只泥塑的雄鸡，正当门中间，姜院长说，这就是他们的校徽。我们在这饶有趣味的校徽命意下，很深刻的感那乡园里雄鸡报晓的景象，真是为之神往。校园内外，均有很井然的田亩，种下许多应时的植物。田亩中间，铺筑着坚实平坦的道路，两旁也培植有浓密的树苗，据说都是由学生垦荒耕作出来的。园地中间，植物有很多快要萌出苗芽，在院角一隅里另外还有一座小动物园，鸡子、兔

子、鸭子、斑鸠，伏在里面，时常嘈出喧扰的声音。横望这四周，莫不是他们的园地。

实习室中，琳琅满目

当我们看了园地后，姜院长引记者到他们课室参观。进了课室，马上发现惊人的一种情态：那是坐在下面很恭正的站起一班黧黑面目的学生，这里使你感到乡农们面目，就像在眼前。他们都带着裹腿，穿着布服布鞋，头上是光着，绝看不出像普通学生。立正行礼后，复坐在坐（座）位，仍然沉着脑子听着台上像他们一样装束的教师讲解。姜院长在这里告诉记者说，这里学生，都来自田间，百分之九十，由各县保送，很少招收城市的学生，以能耐劳而确实具有做纯洁的乡农志愿为合格。记者看了他们面相，快是一批未来的农友了。课室对面，有许多方柜围成的实习室。自外面看去，柜子做了周围的篱笆，进到内面，又成了盛藏物件的器具。那里面有动植物的标本，有新式的农具，有化学的药品，举凡实习应用的设备，大致皆有。用节省的经济，来大量的设备，这是普通学校所难能的。实习在科学里最重要，往往一个学校因着没有实习设备，而缺少成绩。据姜院长报告，建筑农校校舍，及所有设备费用，省府仅规定一万元，建筑与修理五千，设备购置五千，在经费不足之下，我们只有以少数钱，作多数事。

实地练习，编草为鞋

农校学生课程，注重在农业方面的智识。上午授课，下午实习，所以每到下午，学生都在讨活田中。雨天，就坐在工艺室里，每人拿一把草，骑在凳子上，打打草鞋。记者参观他们寝室时，农笠之外，还有草鞋，所以雨天他们有两用：利用雨天的暇空预备雨天的用具，利用雨天的用具，激起他们的劳作。自然，一个农夫，打不会草鞋，是他的一种耻辱。预备做农夫的，当然不愿意蒙这种耻辱。农校校址，连课室、寝室、饭堂、厨房，及一切用室在内，一共只小小的五六间矮屋。而且窄狭不用说，绝对不够用。这小小的校址，于是也不得不仿照他们钱少多做事的办法，经济使用。一座饭堂，于是做了四用，上面设一个演讲台，桌子抹干净，就是纪念堂；四围排了些锄头稼具，又成了农具室；凳子多做一个活动起落的对面板子，落下去是座位，翻起来是木凳，则又成了工艺室。一物四用，足证古人说“木头竹屑皆用也”不错。

内部组织，分工合作

我们参观之后，姜院长简略的报告内部组织情形。全校有教导、训育两主任，教师五位，公费薪资共六百元（近打八五折）。这中间除教导主任由院中制定一教授兼任外，余皆为该院毕业学生。形式上虽然分了工，实际都是合作，个个的责任都相等。全校仅雇一校工，吹号摇铃，其他一切杂役，都由师生自理。现有学生两班，共九十六人，肄业期限两年。明年拟再扩充两班，刻在计划中。末姜氏并告自开学后，即实行军事化管理法，学生进校，照例须作两礼拜工云。参观毕，记者乃辞出。（十一月九日）

（《中央日报》1935 年 11 月 13 日第 2 张第 4 版）

珞珈山：物外桃源中的华美宫殿

1928 年，南京国民政府大学院院长蔡元培，决意实现他早已酝酿多年的教育计划，在武汉创办一所高水平的国立大学。而当时的武汉，也正处于高等教育的真空。在大革命的洪流中，武汉地区高校合并为武昌中山大学，而该校随后又被桂系军阀强行停办了，当局也正着手恢复这所大学。在蔡元培的领导下，新大学定名为“国立武汉大学”，并

1931 年建于街道口的国立武汉大学木牌坊

（《国立武汉大学二四毕业纪念册》，1935 年）

“空降”来汉了一批当时全国的一流学者共襄盛举。得益于蔡元培的关注和支持，这所大学从一开始就有不凡的定位和追求，经过全校师生的共同努力，很快就位列民国时期国立大学的第一方阵中。在抗战西迁以前，国立武汉大学已建成文、法、理、工、农 5 大学院，共设 15 个系和 2 个研究所，初步建成了一所学科门类齐全的综合性大学。

1938 年，国立武汉大学因抗战爆发而西迁四川乐山，并在此办学 8 年之久，至 1946 年复校武昌珞珈山。抗战时期，在艰难困苦的条件下，这所年轻的国立大学不仅没有衰落，反而在逆境中继续成长，取得了辉煌的教育和科研成就。1942 年，国立武汉大学已拥有法科、工科、文科、理科 4 大研究所，下设 6 个研究学部，这一数量在全国大学中排名第四，仅次于中央大学、西南联大和中山大学；1945 年全国国立大学学生获教育部“中正奖学金”的名额中，武汉大学有 25 人，与浙江大学并列第四，亦仅次于中央大学、西南联大和中山大学；1945 年和 1948 年，英国牛津大学曾两次致函国民政府教育部，确认包括武汉大学在内的中国 7 所高校毕业的文、理学士，成绩平均在 80 分以上者，享有牛津大学“高级生资格”。这些事实皆表明，20 世纪 40 年代的武汉大学，尽管在规模上小于中央大学、西南联大等校，但在办学水平上是当之无愧的一流大学。从 1936 年到 1949 年，国立武汉大学汤佩松、高尚荫、梁百先、邬保良、王焕葆、宋秉南等在校师生，还曾在英国《自然》和美国《科学》这两大世界顶尖级学术期刊上，陆续发表了 8 篇高水平学术论文，为武汉大学乃至整个中国高等教育赢得了世界性的学术声誉。

国立武汉大学能够迅速崛起并取得这样丰硕的成就，与其优美的校园环境和优良的硬件设施也有着密切关系。对于这样一所从一开始就拥有不凡定位的国立大学，其筹备之初所在的城内阅马厂老校舍，显然难

国立武汉大学校徽

（《国立武汉大学民三七级毕业纪念刊》，1948 年）

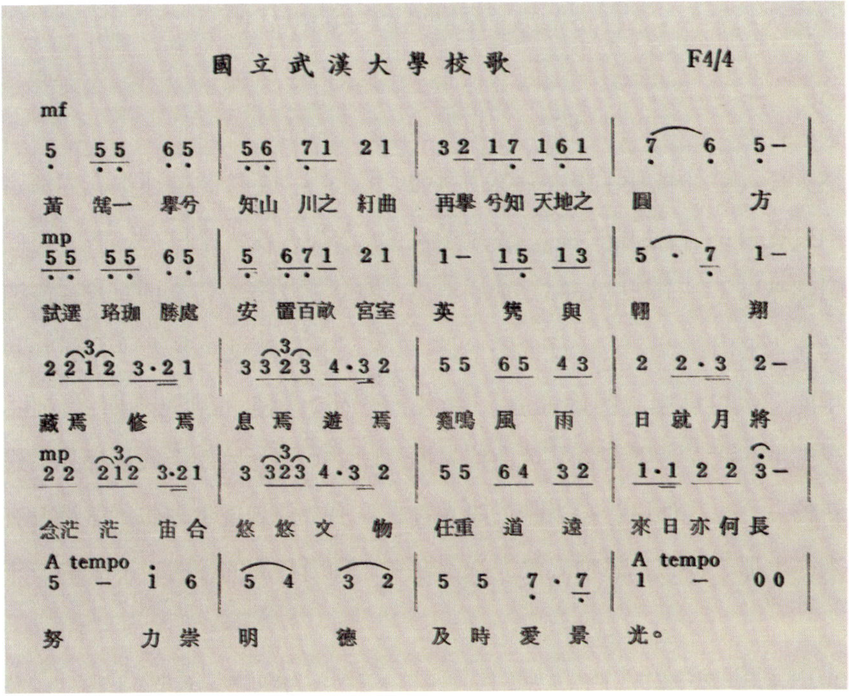

国立武汉大学校歌

国立武汉大学建筑设备委员会委员长李四光
（《国立武汉大学第一届毕业纪念册》，1932 年）

堪大任。首任校长王世杰后来在 1929 年 11 月 11 日的总理纪念周演讲中曾提道："自从中央决定改武昌中山大学为武汉大学以后，各筹备委员都充满了一个新的好的大学的希望。在某一次开筹备会的时候，李四光先生提出建设一个新校舍的主张。"[①] 另一位建校元老周鲠生在 1947 年的一次讲话中也明确说道："特别有理想、贡献的则是李四光先生。李先生在武汉大学筹备委员会首先提议以 150 万元巨款于武昌郊外另建新校舍，改造环境。在当时一般人看来，那个计划过于理想。假设没有李先生那个理想，恐怕武汉大学不会有珞珈山壮丽的校舍，今天的校庆

---

① 《本周纪念周校长王世杰先生报告》，《国立武汉大学周刊》第 36 期第 1 版，1929 年 11 月 17 日。

还要在东厂口旧校舍举行。”[①] 李四光虽然未任教职于武大，但正是由于他的参与，把在城郊建设新校舍的“理想”带给了这所新大学；而这一理想的提出，也极为深刻地影响了这所大学日后的命运。

对于李四光的这一主张，大学院院长蔡元培“极端赞成，当即批准”[②]。随后他便指示成立一个名为“建筑设备委员会”（简称“建委会”）的机构，专门领导和组织与武汉大学新校舍建设相关的各项工作，并任命李四光为委员长。“举凡新校舍的建筑设备计划，均由该委员会采定；一切建筑设备费用，均由该委员会收受支付，不与学校经常费混一。”[③]

名义上作为委员长的李四光，并未在武大任职，其主要工作和身份是国立中央研究院地质研究所所长。其委员长一职，此后多由担任武大工学院（理工学院）院长的委员代理。建委会还设有相当于常务副委员长的“秘书”一人，由委员叶雅各兼任，负责建委会日常运作中的各种具体事务，因此叶雅各在建委会的各项主要工作中也扮演了极为重要的角色。此外，建委会又聘请了时任汉口亚细亚火油公司工程师的缪恩钊担任监造工程师，并由他领导一个建委会的下设机构——工程处。

缪恩钊开始负责建委会工程处后，即招募了几个技术人员，一同进驻珞珈山新校址，开始测绘工作。他们利用当地山石，在珞珈山北坡修建了一座平房，取名“珞珈石屋”，这也是国立武汉大学在珞珈山新校址内建设的第一栋建筑。1930 年 4 月，国立武汉大学又在原刘燕石庄

① 《本校第十九周年校庆暨三十六年度开学典礼校长报告》，《国立武汉大学周刊》第 374 期第 1 版，1947 年 11 月 1 日。

② 《蔡元培致李宗仁函》（1928 年 7 月 13 日），高平叔、王世儒编注：《蔡元培书信集》上册，杭州：浙江教育出版社，2000 年，第 880 页。

③ 《本校新校舍建筑设备概况》，《国立武汉大学一览（中华民国十九年度）》，武昌：国立武汉大学，1931 年 1 月，第 124 页。

珞珈山听松庐，原址现为武汉大学珞珈山庄
［《国立武汉大学一览（中华民国廿二年度）》，1933 年］

园内修建了一栋两层小洋楼，作为建筑设备委员会的办公楼。由于刘燕石庄园原先种植有许多松树，这栋建筑为松林所环抱，环境清幽，校方将之命名为“听松庐”。听松庐于当年 9 月竣工，是继珞珈石屋后在珞珈山建成的第二栋建筑。在迁入新校址后，听松庐除了继续作为建筑设备委员会的所在地，还成了国立武汉大学的招待所。1938 年武汉抗战期间，蒋介石、宋美龄夫妇和陈诚等军政要人曾在此居住和工作。

在 1928 年 11 月 28 日召开建筑设备委员会第一次会议后不久，李四光即到上海开始了建筑师选聘工作。至 1929 年 2 月中旬，他已和美国建筑师开尔斯确定了合作意向，并于 16 日同周鲠生、王星拱等人一同回到了武汉。①

① 《武汉近闻》，《申报》1929 年 2 月 18 日第 4 版。

武汉大学珞珈山校园总建筑师开尔斯
（美国国家档案和记录管理局藏）

建筑师开尔斯全名弗朗西斯·亨利·开尔斯，是美国芝加哥人，1882年1月24日出生于芝加哥一个家境优渥的家庭中。高中毕业后，他先后就读了威斯康星大学和麻省理工学院两所美国著名高等学府，于1907年结束大学学业。[①] 值得注意的是，威斯康星大学校园位于威斯康星州首府麦迪逊市中心，大学校园坐落在门多塔湖南岸，紧邻湖滨。从麦迪逊市的门多塔湖南岸到武昌的东湖南岸，威斯康星大学校园与湖泊的地理关系，与武汉大学珞珈山校园颇为类似。在珞珈山新校舍选址过程的最后一步中，开尔斯起了关键作用：正是在他到武汉实地考察后，

① Register of Former Student with an Account of the Alumni Associations. Boston: Massachusetts Institute of Technology, 1915,p. 275.

武大新校舍的选址才由珞珈山以南东湖嘴到卓刀泉一带，改为了珞珈山以北的东湖南岸丘陵半岛。与之前的选址相比，调整后的最终选址更加靠近东湖，被湖水三面环抱。童年时代成长于密歇根湖沿岸的芝加哥，以及青少年时代在美国这些美丽的湖畔校园里学习生活的经历，或许与开尔斯对国立武汉大学新校舍选址的最终修改有着密切的联系。

开尔斯于 1916 年 5 月以建筑师的身份来到上海，为美国基督教长老会海外传教部（The Presbyterian Board of Foreign Missions）服务。① 1923 年 2 月起，他又转而成为美国基督教循道会（The Methodist Mission of America）的建筑师，前往芜湖工作。② 在为这两个美国教会工作的过程中，开尔斯学习和积累了关于中国传统建筑的知识，并逐渐了解如何用现代建筑材料和工艺演绎传统中国建筑风格。1925 年，开尔斯参加了著名的南京中山陵工程设计方案竞征，他提交的“宝塔”方案被聘为名誉奖第三名。③ 当然，真正使他在中国近代建筑史上留下浓墨重彩篇章的机会，则是数年后的国立武汉大学珞珈山新校园设计项目。

由于常驻上海和身体健康原因，开尔斯在汉口和上海另外聘请了两名合作建筑师，共同来完成珞珈校园的规划设计，他们是德籍建筑师石格司（Richard Sachse）和美籍华裔建筑师李锦沛（Poy Gum Lee）。如学生饭厅、男生宿舍等建筑由开尔斯和李锦沛共同设计，文学院、理学

---

① Passport Application Form of Francis Henry Kales, August 12, 1922, Passport Applications, January 2, 1906–March 31, 1925,Roll 2081–Certificates: 211726–212099,12 Aug 1922–14 Aug 1922, National Archives and Records Administration, D.C.

② Emergency Passport Application of Francis Henry Kales, April 10, 1923, Emergency Passport Applications,Argentina thru Venezuela, 1906–1925, Box 4491, Vol. 008: Shanghai, National Archives and Records Administration, D.C.

③ 孙中山先生葬事筹备委员会编：《孙中山先生陵墓图案》，上海：民智书局，1925 年。

院则由开尔斯和石格司共同设计。第一教职员住宅区和女生宿舍这两项工程的设计，则完全由石格司独立承担。此外，珞珈山新校舍中的一些相对次要的建筑，也多由监造工程师缪恩钊和工程处绘图员沈中清自行设计。

1929 年底，根据开尔斯所完成的新校舍总平面规划和部分校舍的建筑设计方案，国立武汉大学在沪汉两地开始新校舍工程的第一次招标。汉口汉协盛营造厂最终于 1930 年 1 月和 5 月标得男生宿舍、学生饭厅及小礼堂、理学院、文学院 4 项建筑工程。这四组建筑全部位于珞珈山新校址核心区的狮子山上，是新校舍一期工程中的主要建设项目。

汉协盛营造厂承建的国立武汉大学文学院大楼（摄于 2018 年 9 月）

汉协盛承建的武汉大学男生宿舍、学生饭厅及礼堂、理学院、文学院（武汉大学校史馆供图）

汉协盛营造厂是武汉近代建筑业史上赫赫有名的大厂。厂主沈祝三是宁波人，他自幼学习木工，跟随其舅父孙仁山在上海各处做临工数年，后进入上海协盛营造厂工作。在此期间，沈祝三勤奋工作，刻苦学习，白天学习看图纸协助施工，晚上又向守门的印度人学习英语。由于在上海协盛营造厂承建英商平和洋行打包厂的工程中表现出众，沈祝三颇得英国人赏识。1905 年，该洋行又委托上海协盛营造厂在汉口建造打包厂，并派沈祝三到汉口主持这项工程。沈祝三到汉口后，借机扩大业务，又承包了其他建筑工程，至 1908 年正式脱离了上海协盛营造厂，在汉口独立创办了自己的营造厂，取名为“汉协盛”。[①] 沈祝三在汉口期间，结识了新西兰建筑师海明司（Robert Edwin Hemmings）。海明司于 1908 年来到汉口从业，于 1912 年和澳大利亚建筑师伯克利（Ernest James Berkley）合伙创办了近代汉口著名的建筑设计事务所——

① 丁隆昌：《汉协盛营造厂主沈祝三》，《武汉人物选录》（《武汉文史资料》1988 年增刊），武汉：武汉市政协文史资料委员会，1988 年，第 299 页。

汉协盛承建的武汉大学第一教职员住宅区，俗称“十八栋”（武汉大学校史馆供图）

景明洋行（Hemmings & Berkley）。[①] 沈祝三和海明司的合作互惠互利，汉协盛也因此得以迅速壮大，发展为近代汉口最大的建筑营造厂。

对于国立武汉大学珞珈山新校舍这一近代以来武汉乃至整个华中地区规模最大、地位最重要的一项教育文化建设工程，沈祝三寄予极高的期待，并不甚看重单纯经济上的盈利，他把承包上述 4 项新校舍建筑工程的投标价都压得很低。1930 年初，汉协盛开始“鸠工庀材……所有砖、灰、铁、石、木料等，均自各处购运来鄂，由汉阳门起坡，自备汽车多辆，装运至建筑场所应用……合计各项工人，每日有四五百名之多，行见崇楼高耸，马路纡环”[②]。珞珈山新校舍建设工程，也由此正式开始。

不巧的是，工程进展到第二年时，武汉遭遇了前所未有的特大洪涝灾害，这场洪灾不仅严重干扰了珞珈山新校舍的建设，也给汉协盛带来

① 谭刚毅、余泽阳：《从近代建筑师的身世之考到近代城市建筑的“风貌”之变——以景明洋行创始人海明斯和伯克利为例》，《建筑师》2017 年第 5 期。

② 《珞珈山新校舍工程近况》，《国立武汉大学周刊》第 64 期第 1 版，1930 年 6 月 22 日。

了沉重的打击。当年7月底，武昌、汉口沿江堤防相继溃口，市区全部被水淹没，珞珈山新校舍建设也受到了极大干扰。对于汉协盛而言，水灾和时局变化所带来的打击当然更加巨大，到1932年春天汉协盛完成各项工程时，已背负了巨大债务。但沈祝三执意不愿申请破产，仍通过抵押房产和阜成砖瓦厂获得贷款，坚持将国立武汉大学的工程按原计划保证质量完工。最终，其积欠的贷款利滚利达100万元之多，直至武汉沦陷时才最终还清。汉协盛从此一蹶不振，再也不复当年雄风。沈祝三也于1941年在汉口逝世，终年64岁。[①]

1932年2月，除了女生宿舍尚在施工外，珞珈山新校舍一期工程已基本完工，学校于当月底开始迁入新校舍，3月3日在珞珈山正式开始春季新学期上课。至当年10月，女生宿舍完工，珞珈山新校舍一期工程始全部完成。

经过一年多的中辍，1933年底图书馆大楼工程正式开工，标志着国立武汉大学珞珈山新校舍二期工程得以继续展开。由于汉协盛营造厂在一期工程中严重亏损，无力再参与后续工程的建设，因而退出了二期工程的竞标。首先开始进行的图书馆工程，“指定上海、芜湖、汉口各殷实厂家投标……经两次开标，选定上海六合公司承包”[②]。后续的工学院、法学院、体育馆3项工程，也由上海六合建筑公司得标承建。此外，理学院扩建实验楼工程由袁瑞泰营造厂承建，华中水工试验所由胡道生合记承建，其他一些次要的建筑工程，则由永茂隆营造厂、协昌华记营造厂等公司承建。

① 参见宁波市政协文史委员会编《汉口宁波帮》，北京：中国文史出版社，2009年，第87～106页。

② 《国立武汉大学为呈送本校与上海六合公司订定建筑总图书馆合同一份恳祈鉴核由呈教育部文》，国立武汉大学档案：6-L7-1933-XZ011，武汉大学档案馆藏。

上海六合建筑公司承建的国立武汉大学图书馆大楼（摄于2018年9月）

与汉协盛一样，上海六合建筑公司同样是“宁波帮”的企业。该厂的老板李祖贤出生于镇海小港，其家族为宁波近代著名的“小港李氏”。李祖贤于1912年考入清华学校，1914年赴美国纽约州特洛伊城兰思勤工学院攻读土木工程专业，1918年毕业后在美国桥梁公司实习。1921年李祖贤回国，随后在上海创办了六合建筑工程公司。他与缪恩钊一样，都是清华庚款留美生，在美留学时即已相识。据沈中清所述，“上海六合建筑公司是缪恩钊监造工程师介绍”[①]。与出身手工工匠、自学钻研成才的沈祝三不同，李祖贤是留美的土木工程专业科班出身，对现代

① 沈中清：《工作报告：参与国立武汉大学新校舍建设的回忆（国立武汉大学新校舍建筑简史）》（1982年3月），武汉大学档案：4-X22-1982-6，武汉大学档案馆藏。

上海六合建筑公司承建的国立武汉大学工学院大楼（摄于 2018 年 8 月）

建筑工程技术颇为精通。在包建图书馆工程时，李祖贤对于外籍结构工程师所绘制的结构图纸提出异议，认为阅览大厅屋顶结构的支撑柱截面不够，将会出现斜裂缝，结果建成后果然出现了裂痕，最终按照李祖贤提出的方案进行了补强，才达到验收要求。①

对于拿下国立武汉大学这样关注度极高的重点工程，六合建筑公司与汉协盛一样也是势在必得。沈中清曾回忆道："工学院工程，六合公司原来的标价较高，无得标希望。在开标之际，该公司派一位业务员来会议室，探听得一点风声，便使巧计，向委员会作了口头申明说：我们上海公司来电，最近物价跌了，因而我们的标价也可以降低，愿意按最低标价承造。由于六合公司的施工技术和设备较其他厂商高超一等，二

① 宁波市政协文史委员会编：《汉口宁波帮》，北京：中国文史出版社，2009 年，第 123 页。

全面抗战爆发前夕竣工的武汉大学宋卿体育馆（摄于 2018 年 12 月）

家同样的标价，建委会肯定愿意选中六合公司承造。”①

1937 年“卢沟桥事变”爆发时，珞珈山校园内尚有多项工程正在进行之中。从当年 9 月起由于各项建设拨款均告停止，“本校以应付各包工造价，无法支付，爰致函提请本校建筑设备委员会议决，将农学院未完工程暨其他设备各事项停止进行”②。根据国立武汉大学 1938 年在乐山呈报给教育部的材料可知，1937 年 9 月武昌珞珈山校舍各项工程仓促停工之时，由袁瑞泰营造厂承建的农学院大楼“建筑第二层楼面，尚有第三层瓦面及内部粉刷各项工程未完成”，理学院北侧扩建的两栋实验室大楼“内部一切装修仍未竣工……尚有实验及研究仪器未添置齐

① 沈中清：《工作报告：参与国立武汉大学新校舍建设的回忆（国立武汉大学新校舍建筑简史）》（1982 年 3 月），武汉大学档案：4-X22-1982-6，武汉大学档案馆藏。

② 《国立武汉大学呈教育部文（嘉字第 658 号）》（1938 年 9 月 17 日），国立武汉大学档案：6-L7-1938-XZ062，武汉大学档案馆藏。

抗战后复工建成的国立武汉大学农学院大楼（摄于 2018 年 5 月）

全”。学校还原本计划在学生饭厅南面紧邻男生宿舍西侧的山坡上继续扩建一栋学生宿舍楼，“建筑图样业已绘就，建筑基地亦已开坪，尚未招包建造”。[①] 此外，包括图书馆扩建书库、总办公厅、大礼堂、生物系大楼、医学院等其他各项建筑，则因经费无着，尚未提上建设日程，仍告阙如。截至 1937 年 9 月，珞珈山新校舍全部已建成的校舍建筑，大约占开尔斯总体规划的三分之二强。

抗战胜利后，国立武汉大学成立了由杨端六担任主任委员的“复校委员会”，负责学校从四川乐山东还复员的各项工作。复校委员会成立伊始的一项重要任务，便是接收和修缮武昌珞珈山校舍。校园内已停工 8 年多的农学院大楼，也于 1946 年底开始重新招标，着手复工。当年 11 月 30 日该项工程开标，以上海六合建筑公司标价最低。

① 《国立武汉大学建筑设备委员会廿六年度建设事业进行状况》（1938 年 9 月 17 日），国立武汉大学档案：6-L7-1938-XZ062，武汉大学档案馆藏。

但与1937年前主要校舍建筑的招标过程相似，这一最低开标价仍然超出了校方原定底价，于是学校只得“决将屋顶形式，绿瓦改为洋瓦，并将内部材料，亦略予更变”①。经过修改后，上海六合建筑公司的标价由近7亿元减为近5亿元，随后由复校委员会主任杨端六代表校方与上海六合建筑公司签订了施工合同，定于1947年6月5日前完工。②这一无奈的“降格以求”，也最终为民国时期珞珈山校园建设画上了一个不无遗憾的句号。

至1937年夏，珞珈山新校舍全部工程已耗资约400万元巨款。其中中央政府的财政拨款约150万元，湖北省政府拨款80余万元，其余款项则为武大多方努力争取到的各种资助和捐赠。这其中，包括汉口市政府资助理学院建筑设备费、湖南省政府资助法学院建筑设备费、中华教育文化基金董事会资助图书馆建筑设备费、管理中英庚款董事会和平汉铁路管理局资助工学院建筑设备费、黎绍基黎绍业兄弟资助体育馆建筑设备费等。可以说，武汉大学虽为国立大学，但这座恢宏华美的珞珈山校园能够得以在抗战前基本建成，诚有赖中央、地方和社会各界的共同支持和襄助。

珞珈山校园虽由美国建筑师主持设计，但全部主要校舍建筑皆采用了绿色琉璃瓦中国传统宫殿式大屋顶，建筑内外的装饰细节也大量采用中国传统装饰元素。与此同时，建筑师也在设计中融入了大量西方古典建筑元素，如拜占庭式穹顶、双柱组合、古埃及纸莎草柱等，形成了别具一格的中西合璧建筑风格。

---

① 《国立武汉大学公函（武字第11749号）》（1936年12月31日），民国审计部湖北省审计处档案：LS023-003-2302，湖北省档案馆藏。

② 《国立武汉大学修建农学院承包合同》（1936年12月30日），民国审计部湖北省审计处档案：LS023-003-2302，湖北省档案馆藏。

中西合璧的武汉大学理学院建筑群（摄于 2021 年 3 月）

此外，这些披着古典外衣的校舍建筑，事实上都大量采用了当时最先进的建筑材料、建筑结构和施工技术。如主要校舍建筑都采用了钢筋混凝土框架结构，图书馆、体育馆、水工试验所、工学院主楼等建筑还采用了大跨度的钢结构屋顶。为了增强耐久性和防火性，主要教学楼、实验楼和图书馆大楼的窗户，大多采用了钢窗。

远离市区的地理位置和依照现代大学校园功能需求及城市新区模式而进行的规划设计与建设，使得民国时期珞珈山的校园生活，成为同时代武汉三镇中一个别样的“孤岛”天地。每当夜幕降临，这样一种观感便会更加突出：在 20 世纪 30 年代的武昌城外村郊地方，入夜后全然一片漆黑，唯有东湖南岸的珞珈山呈现出一派灯火通明的夜景。国立武汉大学在湖滨的侧船山南麓自行建造了发电厂，先后安置了柴油和蒸汽发电机组，供应全校用电。珞珈山校园由此成为东湖沿岸乃至武昌东郊最早点亮灯光的地方，而湖边那轰鸣的发电机声响，在带来现代生活方式的同时，无疑也进一步凸显了这华灯璀璨的新校园与周边村郊荒

山林掩映中的珞珈山水塔今貌（摄于 2021 年 3 月）

野的截然分野。此外，学校还自建了自来水供水系统，本已水质优良的东湖水，通过湖畔机房抽至半山沉淀池沉淀，随后再通过珞珈山水塔抽至山顶滤水机房进一步过滤，然后供应全校用水，这一系统比武昌城内最早的自来水厂——平湖门水厂更早建成。无怪于 1938 年武汉抗战期间短暂寓居珞珈校园的郭沫若，在其回忆录《洪波曲》中不无羡慕道："实在一点也不错，武汉大学那个区域，的确是武汉三镇的一个物外桃源。"①

抗战前国立武汉大学学生的伙食也是令人羡慕的，且可以充分体现出校园生活方面的学生自治："因为同学们是来自全国四面八方的，口

① 郭沫若：《洪波曲》，郭沫若著作编辑出版委员会编：《郭沫若全集 》第 14 卷，北京：科学出版社，2017 年，第 163 页。

国立武汉大学学生饭厅旧址今貌（摄于2018年9月）

味不同，就各就自己的口味，分别组成各种伙食团……自己选举伙食团长，每月或每个学期改组，轮流买菜。”[①] 这种学生分团自办伙食的模式，直到抗战后依然延续。对于学生而言，参加伙食团并非只是每天坐享其成地到点用餐，而是要亲自参与伙食团的经营管理。根据学校的规定，每个伙食团成立后，都要由参加学生选出一个负责经理人；而厨房的厨师和伙计也由学生自行招募雇用，仅需将雇用人员名单交给学校事务部备案即可，学校也仅仅扮演监督角色，一般不介入伙食团的具体经营运作事务：“各组厨房雇佣厨工，应有学校令具铺保备查，所有公共清洁、卫生、纪律事项，须受庶务、斋务两股指导。如有不受约束者，

① 刘定志：《珞珈忆旧》，于极荣等：《学府纪闻·国立武汉大学》，台北：南京出版有限公司，1981年，第251页。

民国时期的国立武大学生饭厅（武汉大学档案馆藏）

轻则通知该组经理惩罚，其情节较重者，事务部得随时开除，但须事先通知负责之经理，另雇其他厨工使用。”此外，除了学生自备个人的餐具碗筷外，后厨需用的炊具厨具，都由学校统一提供。[①] 除了学生“经理”负责总理伙食团事务外，团中还有轮值的学生代表，跟随炊事师傅一同前往城区买菜，直接决定菜肴的种类，监督食材采买的财务和质量。对于“总经理”和学生代表，食堂的师傅们是要努力讨好巴结的，因为他们将决定自己能否在这个伙食团继续掌勺下去；而学生们对自己每天伙食事业的关心，热情也颇为高涨。

国立武汉大学开始筹备农学院以后，也自己生产农副产品。在狮

① 《国立武汉大学组织自办伙食厨房通则》，《国立武汉大学周刊》第153期第1版，1933年2月13日。

子山以北湖滨地带的农学院区域，校方便建有鸡房。此外，更有牛羊猪房饲养牲畜。《国立武汉大学周刊》曾特别报道学校自产牛奶一事："本校农学院筹备处，于最近一年间……喂养优种牲畜数十种，成绩甚为良好。最近复派教授李先闻先生赴沪选购高级纯系品种荷兰乳牛多头，及瑞士乳羊十数头，均经沪上血清制造所所长程绍迥博士负责检验，担保全数健康，绝无肺痨等任何疾病，已于日前搭由三北长兴轮转运抵校矣。关于榨乳、消毒、装瓶等等设备，均极完全，凡购用此种乳汁，饮时可无须煮沸，如此则生活素无变化，其滋补效力更大。"[①] 从1935年开始，校内师生便可享用这种自产的优质牛奶和羊奶了。

在珞珈山校园里，除了"吃"以外，"玩"的乐趣也是让人津津乐道的。对于这座湖畔校园而言，东湖无疑是武汉大学最广阔也最有特色的"游玩"天地。湖畔散步是最简单和常有的消闲："晚饭后，我们照例每天要往湖边走一趟，有时我们三五成群的沿湖兜圈子，风儿会送来阵阵醉人的野香味儿，那时真是心旷神怡了。"[②] 而泛舟其中，感受湖上风光，更不是什么稀罕事："湖上之乐，乐在泛舟。当你与三五良朋，言笑晏晏，载沉载浮，有的剖着雪藕冰梨，有的嚼着花生瓜子，有的吹奏口琴，有的高唱'大江东去'……水云乡里，捞月、摘星、织梦，一任轻舟悠然自远，其乐虽南面王不易也。"[③] 这种泛舟湖上的出游趣乐，并非只是年轻学生们的爱好，珞珈山的教授们也同样乐此不疲。

① 《农学院筹备处购大批纯种乳牛乳羊》，《国立武汉大学周刊》第247期第3版，1935年10月28日。

② 幼真：《我们生活的断片》，《珞珈月刊》第1卷第5期，1934年3月。

③ 殷正慈：《兹心随笔·忆东湖》，《珞珈》（台北）第45期，1975年9月。

20 世纪 30 年代的东湖游船
（《国立武汉大学民二三级毕业纪念册》，1934 年）

当然，“行吟泽畔”或泛舟湖上，对于想要进一步与东湖亲密接触者而言，都还是不过瘾的。迁入珞珈山后，游泳运动在国立武汉大学迅速发展起来。就在侧船山山崖的南侧湖滨地带，学校修建了一座天然游泳场。随后不久，校方聘请了从德国柏林体育大学留学归国的游泳教师袁浚担任体育老师和体育部主任。在他的努力下，学校体育教学办得有声有色，得到了教育部褒扬，特别是游泳成为一大特色，被列为必修课，游泳达标也成了学生毕业的必要条件。游泳场建成后，不仅供学校师生使用，更吸引了周边市民前来游泳，特别是每逢暑假，学生大多离校，游泳场就更是成为市民的水上乐园了。每当此时，场内每日皆人声鼎沸，水花四溅，场面热闹至极。文学院教授苏雪林曾回忆道：“游泳时，浮拍波面，或潜身水底，各有妙趣，难以尽述。

民国时期的国立武汉大学东湖游泳场
[《国立武汉大学一览(中华民国廿二年度)》,1933 年]

每遇夏季,居住珞珈的人固然要把每天一半光阴消磨在东湖里,三镇居民也成群结队而至,在那柔美湖波里,寻觅袪暑的良方。所以湖滨茶寮酒馆,鳞比栉次,热闹的景况抵得北戴河和青岛的汇泉浴场。”[①]

1938 年国立武汉大学西迁四川乐山,沦陷时期校园被日军占据,但所幸绝大部分校舍建筑在抗战后仍大体保存完好,而日军在校园内种植的樱花,在抗战胜利后也被继续保留,并不断繁殖扩种,如今已成为武汉大学闻名遐迩的校园美景。在 20 世纪 50 年代的院系调整中,狮子山以北原国立武汉大学农学院一带另外组建了武汉水利学院,该校后改名为武汉水利电力大学,校园内陆续兴建了一系列苏式风格或中国民族

① 苏雪林:《怀珞珈》,《珞珈》(台北)第 35 期,1972 年 7 月。

今日珞珈山校园鸟瞰（摄于 2021 年 3 月）

形式风格的新建筑。2000 年，武汉水利电力大学与武汉大学合并，珞珈山校园也重新合璧了。这座沧桑美丽的老校园，是武汉近代大学校园建筑的最高典范，也是武昌学府气质的经典写照。校园内的一众历史建筑，已被列为全国重点文物保护单位，她们将继续伴随着百年学府代代不绝的弦诵之声，续写珞珈山水的文化传奇。

国立武汉大学木牌坊（麦小朵绘）

听松庐（麦小朵绘）

国立武汉大学工学院旧址（麦小朵绘）

附：

怀珞珈（节选）

苏雪林

怀乡念土，人之常情，但像我这样一个四海无家，一身落拓的人，何处能算我的故乡？岂非要怀念也找不着对象。论理，怀乡病这一类名词，永远不会和我发生关系了。但说也奇怪，前几天，西伯利亚寒流侵袭宝岛，寂寞斗室，拥炉夜坐，忽觉得有一种轻微的烦闷，隐隐在蛀蚀我的心灵。开始是痒滋滋地，教你没法搔爬；后来逐渐变为痛苦。那痛苦也始终是缓和的，没有教我的灵魂发生痉挛，但却沉甸甸压在心头，挥之不去，摆之不托，也非常教人难受。猛然忆起，这原是一种熟悉的滋味，四年前客居巴黎，是常常体验到的，是一种怀乡病的发作。

故乡泥土的芬芳是最令人系念的。在大陆的时候，我已多年无家，但曾在那山环水抱的珞珈住过十年以上，最后离开的又是那个地方，现在我便将所有怀乡的情绪都寄托在它身上吧。

珞珈山是国立武汉大学的所在地。自从民国二十年我到武大教书以后，便在这风景秀丽，环境幽静的大自然的怀抱里，开始我一段极有意味的生涯。那银墙碧瓦、焕若帝王之居的建筑，那清波滉漾、一望无际的东湖。那夹着蜿蜒马路，一碧参天的法国梧桐；那满山满岭，郁如浓黛的松林；那亭榭参差，繁花如锦的校园，使得珞珈成为武汉三镇风景最美之区。每逢春秋佳日，游人如织，都自那烦嚣杂乱的都市，涌向这世外仙源，抖落十斛襟尘，求得几小时灵魂解放之乐。

学校在二区给了我一幢房子，我将家姊淑孟女士自安庆接来替我管家，一个忠实可靠的家乡女仆给我们洗衣烧饭。平时冷清清地只有主仆三人，暑假一到，甥侄们都自寄宿的学校回来。吃饭时，黑压压地一桌人，笑闹喧哗，我那间客厅充满了青年人活泼盛旺的生气，觉得自己也年轻了十几岁。他们上午各自埋头温习功课，下午睡一会儿，便陪我到东湖游泳，直到天黑才归。晚餐沐浴以后，各掇一椅，坐后门空地上乘凉。随意谈狐说鬼，直到夜深，始带着一身凉意归寝。

天空漆黑，遥望珞珈山顶的大学本部，万窗齐辟，灯火辉映，好似一座金刚钻缀成的牌坊，气象庄严之极，也壮丽之极。这是我们乘凉时永不能忘的印象。民国三十九年，我再赴法邦，寄迹世界闻名的花都。战后法国政府为吸收游客增加国富计，将巴黎着意打扮起来，每星期有两三次铁塔、凯旋门、圣母院、圣心堂及一切有名建筑，齐放光明，但我总觉得不及武汉大学夜景之美。我何以有此偏见，自己也说不出所以然，恋旧心理当然是一理由。实际上巴黎各建筑都笼罩在十丈软红之中，先就有一股子尘俗气，武大则屹立湖山佳处，背景是那末高旷清远，灯火光中，愈觉玲珑缥缈，看起来自然给人一种神仙楼阁之想了。

珞珈风景最诱惑人的当然是那个有名的东湖。杭州的西湖，我嫌她太小，水又太浊。东湖要比她广阔几倍，水势澈底的清。朝霞夕晖，光彩变化，月夜则沦涟闪烁，银波万顷，有海洋的意味。有风的时候，一层层的波浪，好像刻削过的苍玉，又像是蓝色的水晶，刀斩斧截，全属刚性线条，但说是凝固的，却又起伏动荡不已。游泳时，浮拍波面，或潜身水底，各有妙趣，难以尽述。每遇夏季，居住珞珈的人固然要把每天一半光阴消磨在东湖里，三镇居民也成群结队而至，在那柔美湖波里，寻觅祛暑的良方。所以湖滨茶寮酒馆，鳞比栉次，热闹的景况抵得北戴河和青岛的汇泉浴场。

我未到珞珈之前，孱弱多病，上山以后，日夕呼吸湖光饮山渌，身体日趋强健。武大同人个个同我友善，而小职员们因我不拿架子，对我也特别亲近。到图书馆借书，馆中职员总不厌其详替我检查所需要的书籍，住宅有该修理的地方，庶务部总优先为我派工人来。渐渐地我将武汉大学当作自己的家庭，觉得家庭还远比不上学校的亲切和温暖。

廿六年对日全面抗战爆发，次年，我随学校迁徙四川，在川西一个名为乐山的县份，一住八载。乐山风景虽亦优美，我们却老是怀念着珞珈。珞珈的山光水色常常萦绕于我魂梦之中，不是乌尤和大渡的秀色所能冲得淡的。

抗战到了卅二年，情势日益恶劣，卅三年冬间，桂林失守，寇氛逼近独山，人心大震。我们这群知识份子更是有死之心，无生之气，以为此生永无再回珞珈之望了。想不到胜利从天降，我们固为国家民族庆幸，也都为自己私人庆幸，因为我们又可以投入可爱的珞珈怀抱，尽量享受她的温存。

我们复员的时候，一路虽饱受艰辛，因前途有光明的希望闪耀着，仍载歌载笑，满腔愉快。当我们的船抵达江汉关，心弦便开始紧张。登上赴校的公共汽车，一路风掣而进，我们还嫌车子走得太慢。过了洪山，武汉大学的校舍已巍然在望。我们全体同仁，不禁都自车中起立瞻眺，像孩子似的发出一阵阵的欢呼。太太们中间甚有喜极而涕者。

到了二区我原来的住宅，见墙壁粉刷得雪白，地板油漆一新，家具比离校前更整齐，更足用——因为交通工具的限制，武大复员在胜利的一年以后，学校当局派来的先头部队早于一年内将校舍修葺完整——我和姊姊楼上楼下跑了一阵，屋前屋后也团团地转了一转。家姊口中只连声说：

“好极了！好极了！一点没有改变，而且比我们八年前离去时，更为舒适。”

家姊对我说，她趁我到屋外去时，曾爬在客厅地板上磕了三个响头，对皇天表示她的感谢。试问这样长的岁月，这末大的战祸，我们一家骨肉居然无恙，并且又都回到我们朝夕盼念的珞珈，还不该谢谢老天爷的保佑吗？

居川八年，我们都学得一手克服困难、创造环境的能耐，照目前的术语说，便是“克难精神”。我们姊妹又都是不大肯将就的人，生活虽不喜豪奢，应用的东西，却非件件齐备不可。而且我们大家都想：既然历尽艰辛，获得最后的胜利，国家从此可以步上长治久安之途，珞珈安静的岁月也可以永久归我们享受，何不把居处弄得舒服一点，以补战时生活之苦呢？所以同人们回到珞珈以后，都以收拾屋子为第一要事。那原住一区的同事，生活本来比较贵族化，现在更不惜抽出大部份的积蓄，购买沙发、地毯和精致的家具，把他们的小洋楼，布置得堂皇富丽，抵得过战前高级官吏的公馆。我们二三区的人住的是弄堂房子，但也竭尽财力将屋子加以美化。记得我曾定制了一套藤几椅，又定制了三只柚木书架，将寄存武昌某处和带去乐山的书籍，一概列出。又挂窗帷、装纱门，壁上悬了画，瓶中插上花，我那间书斋、客厅、饭堂三用的房子，居然被布置得清楚可观，适于读书之余，偃仰啸歌之用。战前我本来没有衣橱的，复员后，利用一些旧木材，叫木匠做了一顶很好的衣橱；本来没有柜子，复员后，一置便置了两只。我在四川抗战期内，学会了用斧凿刀锯，家姊最爱养鸡，我亲手替她造了一个鸡棚，设计相当巧妙，鸡栖其中，既不惧鼠狼野猫的侵袭，也不受潮湿，所以不易受病。我又学会了灌园，复员后，懒于再大规模地种菜，但见了屋前屋后的隙地，未免技痒，种了许多花，一年间足有三季，眼前浮漾着烂漫的春光一片。

既然把全部精神贯注在一个家上，这个家还有弄不好之理吗？在珞珈山上，我那个小小姊妹家庭，虽谈不上花团锦簇，吃的用的，却也应有尽有。单以吃的东西而论；美国剩余物资，乳粉、蛋黄、花生酱、果子酱，以及各色罐头足足堆了半间屋子。在川八年因讨厌土纸粗糙，不甚买书。复员后，有了余钱，便尽量购备，书架一只一只多起来。后来小猫也喂了一头了，鸟儿也有了几只了，只有金鱼尚未着手饲养，我那战前“海陆空”的王国，尚有没有完全恢复旧观。

[《珞珈》（台北）第 35 期，1972 年 7 月]

下新河：长江之滨的海员摇篮

武汉虽然地处内流，但位于长江中游沿岸水路交通枢纽之地，历来为中国水上交通要地。民国时期的武昌江边，曾经建立过一所培养海事专门人才的国立学校。该校之后不断发展壮大，成为今天武汉理工大学的重要组成部分。

中国自古以来就是海洋大国，拥有广袤的海疆和漫长的海岸线，同时也坐拥亚洲第一大河和众多壮阔的河流湖泊。在大航海时代来临前夕的明代前期，中国曾经上演过“郑和下西洋”的远洋航海史诗，在人类航海史上写下了壮阔的篇章。然而根深蒂固的内陆农业文明特质，加之近代前夜西方殖民者对我国东南沿海的侵扰，使得明清统治者采取了海禁政策。鸦片战争后，不平等条约陆续签订，中国海权旁落，大江大海沦为外国船只肆意航行的无人之境，而本国航业萎顿，航海人才凋敝。抗战胜利前夕，国民政府鉴于战后航运业急需恢复整顿，航业人才需求孔殷，乃命刘开坤在陪都重庆组织筹备成立“国立海事职业学校”。1945 年 9 月抗战胜利不久，尚在筹备中的海事学校即东迁至武汉。

对于海事学校选址内陆沿江的武昌，校长刘开坤曾解释道：“去年日本投降，本校即奉教育部令移设武昌。顾名思义，本校应设在沿海一

1930 年《武汉三镇市街实测详图》中的武昌下新河一带地图

带，尤以青岛、台湾、海南岛等地为最适宜。但这些地方当时……以交通未完全恢复，筹办人员无法前往，所以就在这里择定校址。这两座房子，战时为伪海军基地，校址所占面积约有百余亩，四周环水，面临长江，地方幽静，远离市尘烦嚣，不仅适宜于办海事教育，也堪称为夏季的避暑胜地。”①

① 牧笛：《教育的奇葩：国立海事学校访问记》，《海事》（武昌）第 1 期，1947 年 5 月。

国立海事职业学校校园内的原礼和洋行洋楼

刘开坤所提到的这处校址，位于武昌下新河江边的一处沙洲上的三角地。其西面紧邻长江江岸，东面是与长江相连的下新河，南面则与上新河畔的武昌裕华纱厂相毗邻。这一校址原本又分为两部分，北侧紧邻下新河口的地带，原是德商礼和洋行设在武昌的洗矿砂厂；南侧与裕华纱厂紧邻的则是一处船厂，其中有与长江连通的船坞。1938 年武汉抗战期间，国民政府交通部船舶科长、汉口航政局长王洸，曾奉命在此处抢造出 4 艘水泥船，于当年 8 月沉于武穴田家镇要塞江面，有效阻碍了武汉下游航道，迟滞了日寇军舰的溯江进犯，为武汉撤退争取了时间。[①] 这一在长江航运史上写下可歌可泣诗篇的光荣地，在抗战后得以

① 黄振亚：《长江大撤退》，武汉：湖北人民出版社，2006 年，第 297 页。

国立海事职业学校校园

1966 年的武汉水运工程学院武昌下新河校区（U.S. Geological Survey）

武汉交通科技大学校门

在中国航运事业的恢复发展历史上继续发光发热。

当时海事学校校园内最醒目的校舍建筑，是德商礼和洋行留下的两栋两层红顶小洋楼。除了对既有建筑进行修整外，海事学校又陆续新建了礼堂、教学楼、体育馆、学生宿舍、教职员住宅等校舍建筑，使原本地处武昌市区北郊、环境荒凉的武昌下新河一带焕然一新，成为一处环境优美的新校园。民国时期的国立海事职业学校共设有驾驶、轮机、造船 3 个科，学制均为 3 年，至 1949 年共招收了三届学生 440 人，校中有教职工 100 余人，校园占地面积 100 余亩。

1949 年 5 月，国立海事职业学校由武汉市军事管制委员会交通接管部接管，8 月与在汉口新成立的交通学院合并，1951 年 7 月正式命名为武汉交通学院，校址仍在下新河。1952 年院系调整中，学院改组为武汉河运学校，1957年再改为武汉水运工程学院。1992年，武汉水运工程学校和武汉河运专科学校合并，次年更名为武汉交通科技大学。2000年，又与武汉工业大学、武汉汽车工业大学合并，组建为武汉理工大学。

中华人民共和国成立之初，下新河校园延续民国时期的建设规划，陆续建设了多栋教学楼、学生宿舍、教职工宿舍、翻砂车间、仓库等建筑。1956年时，鉴于下新河校园面积狭小，不利扩展，学校开始在更下游的武昌余家头江边地区选址规划新校园，并于1968年全部搬迁至新校址。该校后改名武汉交通科技大学，2000年合并重组为武汉理工大学余家头校区。而下新河校区，则仍保留有实习工厂部分车间和职工宿舍。今天，这里早已不见当年校园老建筑的踪影，连下新河也已被填平消失了。面对余家头校区仍巍然屹立的苏式老校舍时，我们不应忘记这所历史悠久的大学昔年扬帆起航的原点——武昌下新河。

礼和洋行洋楼（麦小朵绘）

附：

生活在扬子江滨

萧廷乐

朋友！一年前这里是一块榛莽丛生、瓦砾遍地的荒土，可是在今天，它却是一座弦歌不辍的黉宫所在地了。

假如你是乘江轮由上海溯江而上来到汉口，或是从重庆顺流而下，当航船停泊在江汉关江面的时候，你一定可以看见，在下新河—扬子江滨，绿阴丛中，露出两块红屋顶，和一排灰色的平矮的建筑，这就是我们朝夕生活的所在地。自然，你是乘粤汉铁道火车来的话，也可以看见耸露树梢的信号塔。

我们一群——有的是来自遥远的海滨，有的是来自苦难的北国，有的是久居在广漠的大陆里。虽然分着十余种方言，我们的心却是一条，因为我们都是抱着在海上服务的心。你知道，海上的生活是充满诗意的快活的呵！

每天，当曙光从东方的天际漫延过来的时候，嘹亮的军号划破了清晨长空的沉寂响了起来，我们起床了，迅速而整齐的整理好内务，整饰我们的仪容，接着便跑到江边，面对着浩荡的大江，呼吸一口清新的空气，晨操：我们联系太极拳，翻杠子，跑步，绝不放松一刻的时光。

早晨是八时开始的，是一餐稀饭，说起营养，的确是差。但我们有耐劳坚忍的精神，前贤云：“天将降大任于斯人也，必成饿其体肤，劳其心志。”因此，在我们中间，没有一个感到气馁。

早餐以后，课本上的学习正式开始。国文是学问之本；数学是航海最基本的学科，这差不多尽了最大的精力去学习它；地理课，我们精细地画着海图；历史课，我们研究航海的历史；船艺交给我们船上应有的智识；船业概论，我们借以明了航业界的状况。此外，无线电、信号，都是海员应具备的技能。

下午，又是锻炼体格的辰光。“一个海员没有强健的体魄，是不能忍受狂风骇浪的袭击的。”因此，足球场上，同学们飞奔着毛腿，篮球场上战尘蔽天，排球、网球、铁球……都有年青的小伙子在玩。

黄昏，这最迷人的辰光，是我们饭后闲散的时候，我们在扬子江边踱着慢步，或是拿着一册小品文集，坐在堤边欣赏落日染红了江水，远望鹦鹉洲归帆片片，浴在晚红中的情景：这真是一幅精美绝伦的画图，而这个画图，亦只有生活在扬子江边的伙伴才有机会去欣赏。

总之，生活在这里——扬子江边，是愉快的像海鸥自由的飞腾在暴风雨时一样的愉快！青年的朋友们，来吧！我们欢迎你，假如你们爱海的话！

（《海事》第 2 期，1948 年 2 月）

参考文献

一、史料

1. 古籍方志

（南朝·宋）范晔:《后汉书》

（宋）朱熹:《古文集成前集》

（元）程文海:《雪楼集》

（元）元明善:《清河集》

（明）李东阳:《怀麓堂集》

（清）徐松:《宋会要辑稿》

明嘉靖《湖广图经志书》

清康熙《湖广通志》

清康熙《湖广武昌府志》

清乾隆《江夏县志》

清同治《江夏县志》

清同治《黄鹄山志》

民国《湖北通志》

2. 近现代图书

William Edgar Geil, Eighteen Capitals of China, Philadelphia & London: J. B. Lippincott Company, 1911.

《湖北外国语专门学校同学录》，1916年

《国立武昌高等师范学校己未同学录》，1919年

《湖北省公立法政专门学校庚申同学录》，1920年

《国立武昌商业专门学校第二次同学录》，1920年

《国立武昌高等师范学校庚申级同学录》，1920年

《湖北省公立法政专门学校第七班同学录》，1923年

《国立武昌高等师范学校同学录No.6》，1923年

《国立武昌师范大学同学录No.7》，1924年

《国立武昌商科大学第六次毕业同学录》，1924年

《国立武昌师范大学乙丑级同学录》，1925年

《国立武汉大学一览（中华民国十九年度）》，1931年

《国立武汉大学第一届毕业纪念册》，1932年

《国立武汉大学一览（中华民国廿二年度）》，1933年

《湖北省立教育学院一览》，1933年

《二十二年度之湖北省立教育学院》，1934年

《国立武汉大学民二四毕业纪念册》，1935年

《国立武汉大学农业班首届毕业同学录》，1937年

《国立武汉大学民三七级毕业纪念刊》，1948年

于极荣等：《学府纪闻·国立武汉大学》，台北：南京出版有限公司，1981年

吴剑杰主编：《湖北咨议局文献资料汇编》，武汉：武汉大学出版社，1991年

赵德馨主编：《张之洞全集》，武汉：武汉出版社，2008年

姚锡光：《姚锡光江鄂日记》，北京：中华书局，2010年

张爱华、王灿主编：《永远的风采——武昌艺术专科学校老照片》，武汉：湖北美术出版社，2010年

3. 近现代期刊

The North China Desk Hong List

《北晨画刊》

《歌笛湖》
《国立武汉大学周刊》
《海事》
《汉口中西报》
《华中季刊》
《湖北农会报》
《湖北建设月刊》
《湖北教育公报》
《湖北文史资料》
《湖北省立教育学院周刊》
《教育杂志》
《教育周报》
《珞珈》
《珞珈月刊》
《美术》
《申报》
《时报》
《文华图书馆学专科学校季刊》
《武汉文史资料》
《武汉日报》
《新闻报》
《学部官报》
《学生杂志》
《益世报》
《中国学生》
《中华》
《中华教育界》
《中央日报》

4. 馆藏档案

武汉大学档案馆、湖北省档案馆、武汉市档案馆、中国台湾“国史馆”、美国国家档案和记录管理局等处馆藏档案

U.S. Geological Survey 卫星遥感影像数据库

美国国会图书馆藏近代武汉历史地图

耶鲁大学神学院图书馆藏近代武昌历史影像

二、今人论著

苏云峰:《张之洞与湖北教育改革》,台北:“中央研究院”近代史研究所,1983 年

武汉大学校史编辑研究室编:《武汉大学校史简编(1913—1983)》,内部出版,1983 年

同济医科大学附属协和医院编:《协和医院志》,内部出版,1986 年

武汉市地名委员会编:《武汉地名志》,武汉:武汉出版社,1990 年

武汉市地方志编纂委员会主编:《武汉市志·教育志》,武汉:武汉大学出版社,1991 年

吴贻谷主编:《武汉大学校史(1893—1993)》,武汉:武汉大学出版社,1993 年

本书编写组:《湖北教育学院校史(1931—1996)》,内部出版,1996 年

本书编委会:《华中农业大学校史》,内部出版,1998 年

李珠、皮明庥主编:《武汉教育史》,武汉:武汉出版社,1999 年

吴传喜主编:《湖北大学校史(1931—2001)》,武汉:湖北人民出版社,2001 年

马敏、汪文汉主编:《百年校史(1903—2003)》,武汉:华中师范大学出版社,2003 年

涂文学主编:《东湖史话》,武汉:武汉出版社,2004 年

黄振亚:《长江大撤退》,武汉:湖北人民出版社,2006 年

胡永年主编:《湖北中医学院校史(1958—2008)》,内部出版,2008 年

武汉市武昌区地方志编纂委员会编:《武昌区志》,武汉:武汉出版社,

2008 年

宁波市政协文史委员会编:《汉口宁波帮》，北京：中国文史出版社，2009 年

张清杰、邱观建主编:《武汉理工大学志》上卷，武汉：武汉理工大学出版社，2010 年

徐勇民主编:《永远的风采——湖北美术学院校史》，武汉：湖北美术出版社，2010 年

陈晓恬、任磊:《中国大学校园形态发展简史》，南京：东南大学出版社，2011 年

谢红星主编:《武汉大学校史新编》，武汉：武汉大学出版社，2013 年

涂文学主编:《百年薪火，桃李芬芳：武汉城市职业学院校史（1904—2014）》，武汉：湖北人民出版社，2014 年

刘文祥:《珞珈筑记：一座近代国立大学新校园的诞生》，桂林：广西师范大学出版社，2019 年

/后　记/
Postscript

武汉被誉为中国著名的“大学之城”，武昌既是其文脉发端缘起之地，时至今日也依然是武汉最重要最核心的组成部分。作为一座有千余年历史的古城，武昌在漫长的古代史中积淀了丰厚的传统文化底蕴，而在近代风云激荡的大变局中，更一跃成为全国新式教育的先锋阵地。这座“大学之城”如何形成和壮大，在过往的历史长河中留下了怎样的足迹，值得我们回味和思考。

在近代以来城市历史发展的过程中，武昌的景观变化无疑是十分剧烈的。不仅古代的贡院、学宫、文庙、书院等传统文教建筑皆已无存，即使是新式高等教育兴起以来的近代大学校园，旧貌尚存、历史建筑保留较好的也是屈指可数。一些在武汉乃至全国近代大学史上赫赫有名的老学府，在今天的城市景观中已完全消失，难觅其踪，这不能不说是一种遗憾。

本书写作的用意，并非试图将武昌古往今来高等教育的发展历史一一详为梳理，而是聚焦于这些高等教育所存在的场域——学宫、校园等建筑空间和景观实体上。通过对古代和近代武昌地区重要的传统文教建筑和近代高等教育建筑发展变迁的梳理，在回溯历史景观变迁的同时，也以校园、校舍为载体和切入口，尝试更加直观地帮助读者感悟这座“大学之城”的独特历史文化魅力。

本书关注的主要对象，是武昌地区古代传统科举文教建筑和晚清民国时期的新式高等学堂、高等学校校园建筑，以1949年新中国成立前为下限，选取了武昌地区古代、近代历史时期的12座重要高等学校校园，对其校舍建筑和学府历史进行了一一梳理。这12座老校园中，绝大多数都在过往百余年的近现代历史进程中经历了沧海桑田的变迁，大都数易其主，并经历了战争、水火、城市建设等种种因素的影响，其旧貌早已难得窥见。本书通过挖掘原始文献史料，对它们曾经的历史风貌和变迁历程逐一进行了探究，以期让尘封的城市历史重新浮现。当然，限于笔者能力不足及学识浅陋，加之写作仓促，本书一定还存在许多缺漏、错误和不足，也恳请各位武汉城市历史研究专家和广大读者批评指正。

本书的研究和写作，得到了许多前辈、师长和友人的帮助。感谢涂文学、张胜林、李少军、张笃勤、邓正兵、涂上飙、张嵩、宋晓丹、万谦、黄涛、夏增民、洪均、王钢、白建明、吴骁、严涛、张亮、宗亮、何强、孙富磊、余泽阳、冯立等各位师长、同侪和友人对本书写作提供的指导和帮助，或在资料收集和查阅方面所给予我的便利。感谢武汉市档案馆、武汉图书馆、湖北省图书馆、湖北省档案馆、武汉大学图书馆、武汉大学档案馆、武汉大学校史馆、湖北大学图书馆、中国国家图书馆、上海图书馆、中国第一历史档案馆、中国台湾“国家图书馆”“中央研究院”近代史研究所郭廷以图书馆、湖北文献社、美国地质调查局、美国国会图书馆、南加州大学图书馆、耶鲁大学神学院图书馆、布里斯托大学“中国历史影像”项目组等机构在文献史料方面所给予的协助和便利。此外，也要衷心感谢武汉出版社朱向梅社长、邹德清总编辑对本书的关心和支持，以及城市文化出版中心胡新主任对本书编校所付出的辛勤劳动。

祝福武昌，在未来的城市故事中，续写“大学之城”更加精彩的华章。

2021年4月

于江汉大学三角湖畔